Satirische Blicke auf meine Heimat

von

Hans Buring

Mein Dank gilt meinem Schüler, Mitstreiter und Freund
Klinte für seine hilfreichen Korrekturvorschläge.

Impressum

Herstellung und Verlag:
BoD - Books on Demand, Norderstedt
Umschlaggestaltung: Martin Klindtworth
unter Verwendung einer Karikatur von Klaus Schönborn
Autorenfoto: Anne Felderhoff
Satz und Layout: Hans Buring, Martin Klindtworth
Korrektorat: Martin Klindtworth, Carmen Shuttleworth
ISBN 9783756205943
Printed in Germany
© 2022 Hans Buring

Inhaltsverzeichnis

Über dieses Buch

Mit dem Limerick-Band „Inselschönheiten" und seinen 300 Nonsense-Gedichten wollte ich mich im Jahre 2018 von meinen Lesern mit einem Augenzwinkern verabschieden. Da erfand Horst Seehofer für die Bundesregierung ein neues Amt, das es bis dahin so nicht gegeben hatte, das Heimatministerium, und er wurde auch gleich dessen erster Amtsinhaber.

Als Satiriker und Kabarettist, der nicht nur fast 50 Jahre mit den „Kettwichten" den Umgang mit dem Begriff „Heimat" kritisch verfolgt hatte, war das ein Affront, mehr noch: eine Kampfansage.

Ich musste mich noch einmal einmischen. Die Interpretation der Heimat durfte ich nicht Seehofer überlassen. Und so durchsuchte ich die alten Texte der Kettwichte und wurde schon in deren zweitem Programm aus dem Jahr 1966 fündig, siehe Quellenverzeichnis im Anhang.

Auch reizte mich die Flut von Heimat-Beiträgen der letzten Jahre in unserer Gesellschaft (vom Heimatschutz und der Heimaterde bis hin zu den gewagten Serien des WDR mit „Heimatflimmern" und „Heimathäppchen"), denen ich mich noch nicht gestellt hatte. So entstanden noch einige neue Originalbeiträge für dieses Buch.

Die Themen Flucht und Vertreibung, die in vielen der Texte eine Rolle spielen, bekamen im Februar 2022 durch den Krieg in der Ukraine eine erschütternde und ungewollte Aktualität. Innerhalb von sechs Wochen nach dem Einmarsch der russischen Streitkräfte wurden bereits mehr als 10,5 Millionen Menschen – rund ein Viertel der Bevölkerung der Ukraine – entweder innerhalb des Landes vertrieben oder sind als Flüchtlinge ins Ausland geflohen – die größte Flüchtlingskrise in Europa seit dem Ende des Zweiten Weltkriegs.

Den vielen Heimatgedichten, die nicht aus der Mode kommen wollten, erst recht nicht in Zeiten von Asylverweigerung, begegnete ich mit Limericks zu den Orten des Postleitzahlenbuchs – ein Versuch, deutsche Heimatgedichte zu ordnen und zu verwalten. Viel Freude damit!

Seehofer erklärt bayrischen Ureinwohnern die Ankerzentren: „Bis hierher und keinen Schritt weiter!"

Foto: Peter Kneffel / dpa

Heimatminister

Gerade als ich mich aus dem literarischen Leben zurück-
ziehen wollte – ich hatte mich bei meinen aussterbenden[1]
Leserinnen und Lesern mit dem Limerick-Büchlein „In-
selschönheiten" verabschiedet – verhinderte meine Absicht
ein Unfall: Horst Seehofer erfand für unseren Staat das
Ministerium für Heimat, dessen erster Minister er wurde.
Die beiden anderen Sparten (Innenministerium und Bau-
ministerium) nahm er (miss-)billigend in Kauf, immerhin
hatte er durch deren Übernahme schon einmal den Fuß
im Kabinett[2].

Seehofer wird Heimatminister. Als Satiriker empfand ich
das als Kampfansage. Ein (Berufs)leben lang hatte ich
den Begriff Heimat im Augenschein behalten. Es war zu
viel Schindluder mit ihm getrieben worden. Wenn man
nur an das Dritte Reich denkt: „Heimat, deine Sterne",
an die Heimatvertriebenenverbände: „Schlesien gehört
uns" oder an den Kitsch der deutschen Heimatfilme. Als
Kabarettist war die hinterfotzige Frage des Kollegen Polt
„Heimat, wo ist dein Zuhause?" keine bloß rhetorische,
sondern eine durchaus berechtigte. Wenn es denn ein bun-
desweites Heimatministerium gibt, kann es nur von einem
Bayern geführt werden. Das war zu befürchten. Die bay-
rische Mentalität „Mia san Mia" ist überall in Deutsch-
land bekannt. Und sie hat eine jahrhundertealte Tradition.

---

1 *Als Autor schrieb ich viele Jahre für meine Zeitgenossen. Die aber
starben unentwegt weg. Schließlich bin ich über 80 Jahre alt.*
2 *In meinem Beruf als Deutschlehrer hätte ich diese Metapher als be-
sonders gelungen hervorgehoben, denn „cabinet" heißt im Französischen
so viel wie „Zimmerchen" oder gar „Hinterzimmer".*

Schon 1899 schrieb die Geraer Zeitung:

„Wenn man in das bayrische Oberland kommt, dann ist einem gleich die stille und innige Gegend mit den harmlosen, frohen, den ganzen Tag singenden Menschen lieb, dass man jedes Jahr dorthin möchte: nirgends kann man den Verdruss der Stadt so schön vergessen. Alles ist heiter, jeder Rede wachsen Flügel an, gleich flattert ein Lied heraus. Das Leben wiegt sich lustig und ist zum Tanz bereit. Die Gräser sind schmal und zart, wie zum Scherz für artige Kinder liegen die blanken Häuser am Fuße der Berge. Hier kann man nicht traurig sein, die Gegend erlaubt es nicht. Die Leute, die da wohnen, sind eins mit ihrer Heimat."

Was mich an dem Artikel gewundert hat, ist die mangelnde Erfahrung in der Beurteilung der Menschen. „Harmlose Menschen". Aber gut. Sie kannten weder Seehofer, noch Söder, noch Strauß.

Seehofer war mir seit langem schon wegen seiner gnadenlosen Erfindungen suspekt. Zwei Jahre vor der Erfindung des Bundesministers für Heimat hatte er bereits die „Ankerzentren" erfunden und getestet. Als bajuwarischer Zyniker scheute er sich nicht, das christliche Symbol für Hoffnung, den Anker, für seine Zwecke zu nutzen und ins Gegenteil zu verkehren. Ankerzentren sind Sammellager für „Ankunft – Entscheidung – Rückführung".

Der neue Heimatminister bietet den Flüchtlingen mit ihren zum Teil schrecklichen Verlusterfahrungen kein neues friedfertiges Haus, sondern – wie der Filmemacher Edgar Reitz[3] ihm vorwirft – einen gnadenlos verschlossenen Rückzugsort der Angst.

---

3 „Heimat" ist der Titel einer Filmtrilogie, mit der Reitz 1984 und in den Folgejahren Fernsehgeschichte schrieb.

Mich wundert, dass erst jetzt – im Jahre 2021 – „Rückführungspatenschaften" von der Jury der „Sprachkritischen Aktion" zum „Unwort des Jahres" gekürt wurde. Da haben sie wohl die „Ankerzentren" Seehofers vor Jahren übersehen. Aber mit Wertbegriffen des christlichen Abendlandes (Pate ist ein Ehrenamt christlicher Gemeinschaften) ist offenbar gut Schindluder treiben.

Heute ist Seehofer noch einen Schritt weiter. Überall in Deutschland stehen die Flüchtlingsunterkünfte halbleer, dazu trägt bei, dass Seehofer als Innenminister sein Einverständnis für die Aufnahme von Flüchtlingen geben muss, was er nicht tut. Da nutzt es auch nicht, dass deutsche Ministerpräsidenten wie Laschet nach Griechenland reisen und sich ein Bild der himmelschreienden Not und Enge im Lager Moria machen. Seehofer untersagt die Aufnahme von Flüchtlingen in Berlin und Thüringen.

Als im Sommer 2021 eine Jahrhundertkatastrophe Teile unserer Heimat für immer vernichtet, werden schwere Versäumnisse des Bundesinnen- und -heimatministers sichtbar, für die dieser unmittelbar die persönliche Verantwortung trägt. Die FDP fordert, „die Heimat-Abteilung im Innenministerium unverzüglich aufzulösen und die freiwerdenden Stellen neben der Digitalisierung für den Bevölkerungsschutz zu verwenden."

Den Begriff „Heimat" haben die jungen Kabarettisten an meiner Schule, die Kettwichte, als „schwiemelig"[4] bezeichnet. So verstehe ich auch die Aussage einer mir unbekannten Schriftstellerin, die augenzwinkernd meinte, HeiMat sei eine Abkürzung aus „Heiliger Matsch". In der Tat war der Begriff für uns Saupreußen aus Essen, erst recht in den

---

4 *Der Duden hat das andernorts eher seltene Adjektiv mit den Synonymen duselig, benebelt, im Tran und dösig gut gefasst.*

widerborstigen 60er Jahren, zu schwammig, aber deshalb
umso besser zu karikieren. Immer wieder haben wir Bay-
ern in Trachten auf die Bühne gestellt, meist als Paare,
natürlich unterschiedlichen Geschlechts. Hier ein Auszug
aus „Wenn die Abendglocken klingen" (1966)

Er: Wenn die Abendglocken klingen,
        Seemannstod, oh Mütterlein,
        lasst die Rührungstränen rinnen,
        Heidelberg bei Wien am Rhein.
Sie: (gesprochen)
        Hörst du unsere Abendglocken?
Er: (gesprochen) Und ob.
        (Beide treten an die Rampe, im
        Hintergrund summt ein Knabenchor,
        Nachtigallen schlagen, er singt wieder)
        Wenn die Abendkassen klingeln,
        wird noch lang nicht jedem schlecht.
        Lasst die Knabenchöre singen!
        Deutsche Seele, du hast Recht.
        (Ensemblechor summt mehrstimmigen
        Satz von „Der Mond ist aufgegangen" –
        Sie spricht dazu langsam den Text:)
Sie: Der Mond ist aufgegangen,
        die güldnen Sternlein prangen.
        Dort hinterm düstern Strauch
        steigt deutscher Tiefsinn hoch hinauf.
        Er hängt uns schon zum Hals heraus
        und unserm lieben Nachbarn auch.

Erste Heimat (pränatal): in utero

Szene für 2 Personen: Optimist (O), Pessimist (P)
Ort: Mutterleib

O: Mensch, rück mal 'n Stück! Das ist ja verdammt eng hier.
P: Und es wird immer enger.
O: Und deswegen will ich raus.
P: Nö, ich bleib hier.
O: Das geht nicht. Wir haben nur für neun Monate gemietet.
P: Dann verlängern wir eben fristgerecht.
O: Ach was, wir werden doch schon erwartet.
P: Vielleicht wollen die uns gar nicht.
O: Nachdem der Check gut ausgefallen ist, freuen die sich sogar auf uns.
P: Von welchem Check redest du überhaupt?
O: Fräulein, hast du ein Kurzzeitgedächtnis! Weißt du nicht mehr, wie sie uns vor 'n paar Monaten beinahe aufgespießt hätten?
P: Ach so, du meinst die Fruchtwasseruntersuchung.
O: Ja eben. Und seit sie wissen, dass wir gesund sind, freuen sie sich auf uns.
P: Du meinst, jetzt brauchen wir keine Abtreibung mehr zu fürchten?
O: Richtig. Aber mit der Abtreibung, das geht sowieso nicht mehr so einfach.
P: Da hab' ich aber schon anderes gehört.
O: Seit neuestem stellt die katholische Kirche keine Beratungsscheine mehr aus.

P: Und das heißt?

O: Dass wir unter dem Schutz der Kirche stehen. Also Kirche – find' ich gut.

P: Der Schutz der Kirche hört aber schlagartig auf.

O: Wann?

P: Draußen. Sobald wir raus sind.

O: Woher willste das denn wissen, du Klugscheißer?

P: Das hat schon Kurt Tucholsky gewusst. Und gesagt. Und sich anschließend umgebracht.

O: Aber das ist über 50 Jahre her.

P: Na und? Seither ist es eher schlimmer geworden. Hast du gehört, dass die Kirchen neuerdings sogar viele ihrer Kindergärten schließen, obwohl sie immer predigen: „Lasset die Kindlein zu mir kommen und wehret ihnen nicht."

O: Na und? Dann bleiben wir eben zu Hause.

P: Und wer soll auf uns aufpassen? Der Alte bestimmt nicht. Der steht kurz vor 'ner Beförderung. Der ist mit dem Betrieb verheiratet.

O: Aber sie.

P: Geht nicht. Unsere beiden Alten sind – sozial gesehen – „Dinks".

O: „Dinks"?

P: Ja, double income no kids. Das ist die gesellschaftliche Gruppe mit dem höchsten Einkommen in Deutschland.

O: Ja hör mal, endlich mal 'ne gute Nachricht. Da kommen wir ja quasi ins gemachte Nest. Super!

P: Mensch, bist du blöd! Wir machen denen das doch kaputt.

O: Kaputt?

P: Statt no kids – double kids. Sie muss dann zu

Hause bleiben und er muss nicht nur sie, sondern auch noch uns beide durchziehen, damit wir was zu beißen haben.

O: Beißen ist gut, du Großmaul, du hast ja noch gar keine Zähne!

P: Und das ist auch gut so: Hast du erst mal Zähne, kriegst du auch Karies und dann wird gebohrt und neuerdings musst du die Quälerei vom Zahnarzt auch noch selbst bezahlen.

O: Wieso ich?

P: Ja, zunächst natürlich der Alte, aber später dann auch du. Und das alles kann mir bei der Ernährung hier drinnen nicht passieren. Deswegen bleib' ich hier. – Schließlich gibt's jeden Tag Kuchen.

O: Aber immer nur Mutterkuchen. Ich freu mich auch mal auf Pflaumenkuchen oder – wie Guildo Horn – auf Nussecken (schreit) Piep – piep – piep! Ich will auch Nussecken.

P: Hör auf hier rumzutoben! Die wird sonst gleich wieder wach und dann schaukelt sie uns wieder stundenlang durch die Gegend.

O: Na und?

P: Ja dann stehst du wieder kurz vorm Kotzen.

O: Nun hör schon auf mit dem Thema, sonst wird mir wirklich noch übel. Diese diffuse Beleuchtung hier und die trübe Suppe, also ich will raus. Verstehst du? An die frische Luft.

P: Frische Luft, dass ich nicht lache. Hier drin bist du vor den CO_2-Emissionen und dem anderen Dreck noch einigermaßen geschützt. Draußen stinkt's zum Himmel.

O: Du übertreibst bestimmt wieder.

P: Und warum wollen dann alle Parteien eine Öko-Steuer einführen, einige denken sogar an Fahrverbote? Riechst du den Braten nicht? Nö, ich bleib drin.

O: Und ich hau ab. Ich will jetzt endlich das Licht der Welt erblicken, meine Heimat kennen lernen.

P: Wie denn? Noch hängst du schön an der Leine.

O: Die werden sie schon durchschneiden, wenn ich erstmal draußen bin. Schließlich heißt das ja Entbindung. Außerdem solltest du dich freuen, wenn ich schon mal weg bin. Dann hast du in der engen Bude hier auch mehr Platz.

P: So, und du glaubst, draußen bekämst du mehr Platz?

O: Aber sicher. Die weite Welt steht mir offen.

P: Zunächst kommst du mal hinter Gitter. Käfighaltung, ca. einen halben Quadratmeter Grundfläche. Und später müssen wir uns dann acht Quadratmeter teilen.

O: Du meinst das Kinderzimmer. Aber draußen…

P: Draußen rollt der Verkehr.

O: Aber es gibt Spielplätze.

P: Dort lassen sie ihre Hunde scheißen. – Apropos Hunde. Sie hier oben hätte uns als Welpen werfen sollen, dann hätten wir garantierten Freiraum. Einem Hund mittlerer Größe steht ein großzügiger Auslauf zur Verfügung, gesetzlich. Da staunste, was?

O: Und warum haben wir keinen garantierten Auslauf?

P: Weil wir keine Lobby haben. Für das Recht der Hunde steht der mächtige Tierschutzbund.

O: Und es gibt keinen Kinderschutzbund?

P: Doch – mit König Herodes als seinem Präsidenten! (lacht)

O: Du kannst mich nicht verarschen. Ich lass mir die Vorfreude auf meine Mitmenschen nicht mies machen.

P: (zeigt ins Publikum) Schau sie dir doch an, deine zukünftigen Mitmenschen!

O: Wo?

P: Na, da unten. – Und was siehst du?

O: Ich glaub', die freuen sich auf meine Geburt.

P: Und wie! Sie freuen sich darauf, dass du den Generationenvertrag einlöst. Such dir mal drei bis vier alte Typen raus! Hast du welche? (O nickt) So, die erwarten von dir, dass du deren Rente bezahlst. Ja, die freuen sich auf dich. Guck mal, wie gierig die gucken! Nö, ich bleib drin.

O: Sei mal still! Spürst du das auch, wie das wackelt? Ist das ein Erdbeben?

P: Verflucht, das sind die Wehen. Jetzt wird's ernst. Ich halt' dagegen.

O: Dann wärst du der erste, der das schafft. Gib's auf! Sag lieber, wenn wir uns draußen aus den Augen verlieren sollten, wo treffen wir uns wieder?

P: Spätestens auf dem Arbeitsamt, bei der Jobsuche.

Fremde Heimat: Neulich im Baumarkt

Ein Zwischenhoch hatte die ersten Sonnenstrahlen in unseren Garten geworfen. Das hatte meine Frau kribbelig gemacht und sie hatte mich in die Gartenabteilung des Baumarkts geschickt, eine Palette bunter Primeln zu kaufen. Für gerade mal 99 Cent das Stück wollte sie den Frühling hervorlocken, wollte sie frisches Leben ergattern.

Vor mir in der Warteschlange an der Kasse stand eine merkwürdige Type: ganz in schlabbriges Schwarz gekleidet. Eine Stirnbandrolle wie ein Damenstrumpf – auch schwarz – hielt das strähnige, klebrige Haar. Als er einen – eher verächtlichen – Blick auf meine Primeln warf, sah ich ihn im Profil. Den kenn' ich doch.

Ich drängte mich etwas nach vorn und tippte ihm auf die Schulter. Ein Nachbarsjunge. Er trug jetzt einen zotteligen ungepflegten Bart. „Hey, Heinz Dieter, schön, dich nach so langer Zeit mal wiederzusehen."

„Heinz Dieter ist gestorben" sagte er.

„Aber muss man denn unbedingt schwarz tragen, wenn man selbst gestorben ist?", dachte ich – zugegeben – etwas amüsiert.

„Ich heiße jetzt Jussuff."

„Jussuff?"

Ausgerechnet dieses Muttersöhnchen, das als einziges aus der ganzen Nachbarsclique nie gesoffen hatte, nannte sich Jus-Suff.

Er war ein schwächliches Kind gewesen. Immer erkältet. Sein Markenzeichen: die triefende Nase. Ständig wuselte seine Mutter mit einem Taschentuch um ihn herum, das sie ihm vor die Nase hielt: „Komm, Heinz Dieter, mach feste Hatschi." Jetzt macht Heinz Dieter Dschihad. Ganz feste. Diese Rotznase.

Zur Märtyrerausbildung brachte er – neben der Alkohol-abstinenz - eine weitere gute Voraussetzung mit. Er war Vegetarier, sogar Veganer, also der Extremist unter den Vegetariern. Er aß kein Fleisch, folglich auch kein Schwei-nefleisch. Noch eine Versuchung weniger.
Und doch: auch als Märtyrer würde er enttäuschen. Da war ich mir sicher. Als Ungläubiger weiß ich nicht, was Al-lahs 120 Jungfrauen, die er jedem Märtyrer zur Verfügung stellt, von so einem erwarten. Aber die kommen nicht auf ihre Kosten. Versprech' ich euch. Nicht bei Heinz Dieter. Auch nicht bei Jussuff. 120 himmlische Jungfrauen! Eine Armee voll süßer Erwartung. Eine geballte Kraft für eine Rotznase.

In der Pubertät hatte Heinz Dieter monatelang an der niedlichen, aber schüchternen Elfriede herumgefreit, an der Tochter vom evangelischen Pfarrer. Aber man sah es dem Mädchen an. Da lief nichts. Außer seiner Rotznase. Und die band Elfriede therapeutisch-agapisch als gottge-geben mit ein, wie sie es im Elternhaus gelernt hatte.
Auch mit den gleichaltrigen Jungs seiner Klasse tat sich Heinz Dieter schwer. Beim allseits beliebten Fußballspiel wurde er nicht gewählt. Man musste ihn einer Mann-schaft zuordnen. Man stellte ihn ins Tor, damit er aus dem Weg war. Im Angriff war er nicht zu gebrauchen. Er hatte keine eigenen Ideen. Man musste ihm schon sagen, wo's lang geht.

Die Warteschlange war langsam vorgerückt. Nun stand Heinz Dieter kurz vor der Kasse. Er legte einen Vorschlaghammer, ein Fleischermesser und einen Schleifer aus Stahl auf das Laufband. Ich beugte mich über seine Schulter und fragte: „Wofür, Heinz Dieter…"

„Jussuff", korrigierte er ärgerlich.

„Wofür brauchst du denn einen Vorschlaghammer?"

„Für die Götter"

„Die Götter?"

„Ja, die falschen Götter"

„Wo?"

„In Nimrud"

Wenn meine kulturbeflissene Frau mich nicht vor Jahren einmal mit Dr. Tigges Reisen in die alte Hauptstadt des Assyrischen Reiches hätte locken wollen, wüsste ich nicht, dass es Nimrud überhaupt gibt und wo es liegt. Tolle uralte Ausgrabungsstätten. Jetzt war meine Wut auf diesen Jussuff umso größer.

Die Kassiererin drängte und nicht nur deshalb fragte ich ihn nicht mehr danach, wofür er das Fleischermesser und den Stahlschärfer benötigte.

Dann war er auch schon wieder untergetaucht. Dieser Schwächling, diese Rotznase, dieser Kerl, der als Stürmer nichts taugte und jetzt Bilderstürmer wurde.

Den ganzen Tag noch war ich vom Hass angefressen. Meiner glücklichen Frau wollte ich nicht die Primeln verhageln. So schwieg ich und fraß die Begegnung in mich hinein.

Aber Ihnen, liebe Leser, will ich doch noch einen Tipp geben. Sie können sich das gewaltige Kulturwelterbe in Nimrud ja nun nicht mehr anschauen, aber wir Deutschen waren ja so weit blickend, dass wir einen beträchtlichen Teil – vor allem den mobilen Gold- und Edelsteinschmuck – rechtzeitig in Sicherheit gebracht haben, z.B. auf die Museumsinsel nach Berlin. Dort finden Sie Märchen aus Tausendundeiner Nacht.

Andererseits sollten Sie mit Ihrem Besuch in Berlin vielleicht noch etwas abwarten. Der ISIS hat natürlich nicht alles zerschlagen. Was sich zu Geld machen lässt, wird auf den westlichen Schwarzmärkten zum Kauf angeboten. Denn der ISIS braucht Geld. Viel Geld. Und – wenn Sie Glück haben – landen doch noch einige Schätze über Umwege auf der Museumsinsel. Dank der fürsorglichen Deutschen. Kultur geht ihnen über alles.

Sind Sie auch sicher, dass die vereinte Welt – inzwischen bekämpfen ja den ISIS nahezu alle gleichermaßen – diese menschenverachtenden Kulturbanausen platt machen kann? Dass sie sie für immer vernichten können? Und wenn nicht? Wenn auch Jussuff – wie angekündigt – demnächst mit seinem Gesocks in Europa auftaucht, wie schon in Paris, Dänemark, Belgien, Braunschweig, Bremen und ich weiß nicht. Quasi urbi et OBI.

Das Lied der Deutschen
(Ensemble-Nummer)

1: Zum Abschluss unseres heutigen Programms erklingt

2: wie neuerdings wieder üblich

1: die Nationalhymne.

3: Sie brauchen sich nicht von Ihren Plätzen zu erheben,

4: weil die Hymne heute etwas länger dauert.

Alle: Deutschland, Deutschland über alles, über alles in der Welt!

5: „Dass der kritische Unterton des Gedichtes so leicht zu überhören war, liegt nicht zuletzt an dem Gedicht selbst."

1: sagt der bekannte Germanist Professor Fingerhut.

Alle: Wenn es stets zum Schutz und Trutze brüderlich zusammenhält.

6: Ich sehe schon die deutsche Schutz- und Trutzgemeinschaft, wie sie vor der anbrandenden Flut asiatischer Eindringlinge Schutz sucht,

4: wie sie aus Sorge vor Überfremdung des deutschen Volkes allen Kanaken Trutz bietet,

2: wie sie brüderlich vom Grundgesetz abrückt.

Alle: Von der Maas bis an die Memel, von der Etsch bis an den Belt.

3: Ich sehe das Erstaunen unserer Grundschulkinder auf die Frage des Lehrers: Was ist die Maas?

4:     In Bayern wird's heißen: Die Moaß, des is a groaßes Bier.

2:     Im Ruhrpott wird's heißen: Maas macht mobil, bei Arbeit, Sport und Spiel.

3:     Ich kann mir denken, dass so 'n Steppke fragt: Hieß der Fluss schon Ätsch, bevor se uns den weggenommen haben?

Alle: Deutschland, Deutschland über alles, über alles in der Welt.

4:     Hören Sie nun die zweite Strophe:

Alle: Deutsche Frauen, deutsche Treue, deutscher Wein und deutscher Sang sollen in der Welt behalten ihren alten, schönen Klang.

5:     Die deutschen Frauen und ihr alter, schöner Klang – das klingt nach Verdummung und Ausbeutung.

6:     Noch immer füllen Frauen die Niedriglohn-Gruppen,

3:     sind sie die billige Reserve für den Arbeitsmarkt,

5:     sind die deutschen Frauen Menschen zweiter Klasse. Beispiel: Regelmäßig erscheint in der WAZ folgende Kleinanzeige:

4:     „Hausfrauenkredite – ohne Unterschrift des Ehemannes. Fischer-Finanzverwaltung, Duisburg".

2:     Die vollständige Adresse können Sie bei Interesse von der Redaktion erhalten.

5:     Tja, die deutschen Frauen und ihr alter, schöner Klang.

1:     Und was den alten, schönen Klang des deutschen Weines betrifft: zumindest müsste

der CDU-Abgeordnete Pieroth[5] beim Absingen
dieser Strophe schamrot werden.

Alle: uns zu edler Tat begeistern
unser ganzes Leben lang,
deutsche Frauen, deutsche Treue

6: Es gibt auch Deutsche, die sich um der deut-
schen Frau willen zu edlen Taten begeistern
lassen, wie dieser bayrische Bürgermeister,
der warnte:

1: Originalzitat!

4: „Heute geben wir den Asylanten Fahrräder,
morgen irgendwelche Töchter!"

Alle: deutsche Treue,
deutscher Wein und deutscher Sang

1: Und nun hören Sie noch einmal hin:

2: Wenn wir die Utopien der dritten Strophe auch
nur teilweise zu verwirklichen trachteten, unser
Land…

6: Halt! Noch vor wenigen Wochen haben wir an
dieser Stelle unseres Programms die dritte
Strophe gesungen, hinweisend auf die schönen
Utopien dieser Strophe,

4: Das ist uns heute nicht mehr möglich.

1: Nur wenige Wochen Wahlkampf haben uns,
die wir das erste Mal wählen, gezeigt, dass
auch die dritte Strophe nicht unsere Strophe
sein kann.

3: Kein Erscheinen des Menschenfischers Bruder
Johannes, bei dem er nicht seine Wahlpredigt

---

5 *Während Pieroths Amtszeit als Berliner Wirtschaftssenator war das
von ihm gegründete Weinhandelsunternehmen in den Glykolwein-
Skandal verwickelt.*

von der dritten Strophe unterstreichen lässt,

5:    keine Splitterparteien, von den bayrischen
      Republikanern bis zu den dubiosen Vater-
      landsgesellen „Patrioten für Deutschland", die
      nicht die dritte Strophe bemühen.

4:    Fast wäre uns das Singen vergangen, hätten
      wir nicht doch noch einen Text gefunden, der

3:    obwohl vor 35 Jahren entstanden

4:    für unser Land immer noch aktuell ist.

6:    Er stammt von Bert Brecht

1:    und Hans hat ihn vertont:

Alle: Oh Deutschland, wie bist du zerrissen,
      und nicht mit dir allein,
      in Kält' und Finsternissen
      lässt eins das andre sein.
      Und hättst so schöne Auen
      und reger Städte viel,
      tätst du dir selbst vertrauen,
      wär alles Kinderspiel.

Deutsche Grammatik oder
Wie man richtig beugt
(Ensemblenummer)

1	Ess die Ei![6]
7	Er will mich vergackeiern.
1	Eier machen stark.
7	Ich bin so satt, ich mag kein Blatt.
2	Blattschuss
4	Es wird gegessen, was auf den Tisch kommt.
1	Spiegelei, Spiegelei an der Wand,
	wer ist der Schönste im ganzen Land?
7	Heute Kohl und morgen Kohl
	und übermorgen wieder.
4	Er hat ins Fettnäpfchen getreten.
5	Er hat ihn aufs Korn genommen.
6	Er hat keinen Narren an ihm gefressen.
3	Du sollst deine Suppe auslöffeln.
1	mit Eierstich
7	Ich esse meine Suppe nicht.
3	Du isst deine Suppe nicht?
Alle	Er isst seine Suppe nicht!
5	Er hat den Braten gerochen.
6	Nichts wird so heiß gegessen, wie es gekocht wird.
5	Du musst dich durchbeißen.
4	Er wird ins Gras beißen.

---

6 So hieß das 15. Programm der Kettwichte aus dem Jahr 1986.
SDI (Strategic Defense Initiative) war ein Versuch Ronald Reagans
zum Aufbau eines Raketenabwehrschirmes gegen die Sowjetunion in
einer angespannten Lage des Kalten Krieges.

6   Tischlein deck dich, Esel streck dich, Knüppel
    aus dem Sack.
7   Euch soll der Brocken im Halse stecken bleiben.
3   Essen hält Leib und Seele zusammen.
1   (singt) Noch'n Toast, noch 'n Ei, noch 'n Kaffee,
    noch 'n Brei.
3   Du sollst leben wie eine Made im Speck.
4   Made in USA
7   Mit Speck fängt man Mäuse.
6   (singt) Ja ja mein ganzer Lebenszweck, zweck, zweck
    sind Borstenvieh und Schweinespeck.
7   (singt) Spannenlanger Hansel, nudeldicke Dirn.
5   Himmel, Arsch und Zwirn!
4   Er muss abspecken.
5   Ein guter Hahn wird niemals fett.
4   Er muss abspecken.
6   Bei Wasser und Brot.
7   Bei Wasser und Brot?
3   Trocken Brot macht Wangen rot.
5   (singt) Zuckerbrot und Peitsche bricht
Alle   Aber unsere Liebe nicht.
4   Friss oder stirb!
7   Ich habe den Braten gerochen.
Alle   Vergangenheit
7   Ich bin so satt, ich mag kein Blatt.
Alle   Gegenwart
7   Ich werde eure Suppe niemals auslöffeln!
Alle   Zukunft?
    (Höllisches Gelächter – dann gesungen:)
    Wir geben Ihrer Zukunft eine Pause: SDI[7]

---

7   gesprochen „ess-di-ei"

Die größten Frauen Deutschlands
*Eine satirische Hommage an vier Frauen in drei
Gedichten: Hildegard von Bingen, die Kessler-Zwillinge
und Angela Merkel*

Hildegard von Bingen

Als kluge Nonne war Vorsicht geboten:
Sie wollte nicht wie die anderen toten
Frauen in der nahen Nahe landen,
bloß weil Inquisitoren irgendwas an ihr fanden.
Sie wollte nicht durch Mischen von Kräutergewächsen
den gleichen Weg gehen wie die anderen Hexen.
Sie hielt nichts von den Hexentaufen
oder einem Ende auf dem Scheiterhaufen.

Um sich von all dem zu verschonen,
bekam sie göttliche Visionen.
Sie mystickte anders als die and'ren Binger.
Das deutete man als Gottes Finger
und ließ sie weitgehend in Ruhe,
schob ihr kein Hexentum in die Schuhe.

Endlich konnte sie richtig starten
in ihrem Kloster-Kräutergarten:
Sie heilte mit Bertram, Süßholz, Fenchel, Distel,
mit Verbena, Anis, Heidelbeeren, Mistel.
Pimpernelle, um den Schleim zu lösen,
Wermutstropfen, um besser einzudösen,
Liebstöckel als Maggi für die Suppen,
Olivenöl gegen fettige Schuppen.

Bei Schlangenbissen und Wurmbefall gab sie Quendel,
bei Insektenstichen und Schlafstörungen Lavendel.
Vor allem war sie begeistert von Dinkeln
für die Blutreinigung und Hilfe beim Pinkeln.

Auch in der Ernährung wusste sie zu fesseln
mit Gänseblümchen, Majoran und Brennnesseln
und Löwenzahn, Rauke, Gundelrebenblätter,
Liebstöckel, Salbei, Thymian, bloß kein fetter
und alles ohne ein Stückchen Butter.
Diese Gerichte kenn' ich noch von meiner Mutter
gleich nach dem Krieg in den Hungerjahren,
als es nix zu kaufen gab im Kolonialwarenladen.
Da lebten wir wie Hildegard von Bingen und
immer hungrig, aber gesund.
Deshalb muss ich mich auch etwas quälen,
die Hildegard zu den größten Deutschen zu zählen.
Doch sie ist nun mal ein Multitalent,
das jeder gebildete Europäer kennt.

Sie war auch Dichterin, die Hildegard von Bingen.
Heut wär' sie Inhaberin von Dichtungsringen,
auch solcher aus Ennigerloh[8] - und schau:
ständig steht sie in der „Apothekenrundschau".

Sie war überdies nicht nur fromme Christin,
sondern hochbegabte Komponistin.
Im Kloster schrieb sie 77 Songs. Wen wundert's:
sie ist <u>die</u> Liedermacherin des 12. Jahrhunderts.

---

8   Der „Ennigerloher Dichtungsring" war seinerzeit ein
Literaturwettbewerb, an dem der Autor teilgenommen hat.

Und die Kirche? Mit dem Segen hatte sie es nicht eilig.
Papst Benedikt sprach sie erst vor fünf Jahren heilig
Nicht besser die Pfalz. Wer kennt sie da noch?
Die setzt auf den Mäuseturm und das Binger Loch.

Die Kessler-Zwillinge

Geboren wurden sie in Sachsen,
dort sind sie dann auch aufgewachsen.
Und noch mit süßen Milchzahnlücken
tanzten sie im „Ballett der Kücken"
in der Leipziger Oper auf dem Podest.
Die Musik stammte von Mussorgskijs Modest.
Alice und Ellen, so zart und weich
und – als Zugabe – auch noch eineiig.
Wer wüsste da, was schöner wäre?
Das war der Anfang ihrer Karriere.

Doch von Jahr zu Jahr, von Mal zu Mal,
da zeigte sich ihr wahres Kapital.
Jetzt ahnt ihr schon, was ich wohl meine:
die immer länger werdenden vier Beine.
Solch Kapital durfte nicht im Osten schlümmern,
darum musste sich der Kapitalismus kümmern.
Und wieder einmal machten rüber die Besten,
erneute Republikflucht in den Westen.

(Ich weiß nicht: Hat das hier was verloren?
Angela Merkel wurde erst zwei Jahre später geboren.)

Zuerst vermittelte sie ihr Vater
an ein Düsseldorfer Revuetheater.
Dann zeigten sie ihre langen Beene
auf den Champs-Élysées in Paris an der Seine.
In den USA trafen die Schwestern
auf Frank Sinatra und Burt Lancastern.

Mit Kusshand wurden sie verpflichtet,
zuvor im „Playboy" abgelichtet.
Sie trafen auf Elvis und Onassis,
Elvis schwärmte: „I love your asses!"[9]
und fand das wahrscheinlich noch cool männlich.
Heut' sind die Kesslers über 80 – und unzertrennlich.[10]

Angela Merkel

Es beginnt mit einem Ohrenschmaus:
Sie stammt aus einem Pastorenhaus.
Als ob das nicht schon schrecklich wär',
kommt sie noch aus der DDR.
Wir Wessis dachten doch: Die Zone
ist wirklich rückständig und ohne,
ohne rechtes Verständnis von Demokratie
und nun: erste Bundeskanzlerin, unsere Angie,
Bald schon zeigt sie Charisma (indisch: Karma),
umgarnt Hollande, Renzi und Obama.
Mit hängenden Lefzen – vorm Bauch die Raute –
übersteht sie jede Wirtschaftsflaute.

---

9 *gesprochen: Das ist O-Ton. Das hat der wirklich so gesagt.*
10 *In „Bild der Frau" erklärten sie erst kürzlich, dass sie auch gemein-*
sam unter die Erde wollen.

Sie macht Grüne, Linke und Pfaffen nass
mit ihrem sturen „Wir schaffen das."

Das Uckermarkisch-Praktische
stemmt sich gegen das Postfaktische.
Sie wird trotz aller Fakes and Crimes
zur „Person des Jahres" bei der Times.
Drum rufet laut – und bitte tutti! –
ein dreifach Hoch auf Deutschlands Mutti.

Wie viel Amtskonkurrenten hat sie schon verladen!
Sie macht auch weiter die nächsten Dekaden.
So viel Weitsicht muss man loben:
Steinmeier – ins Präsidentenamt verschoben
und Gabriel – unter Einsatz all seiner Kräfte –
kümmert sich um die Kaiser's Kaffeegeschäfte.
Sie aber bietet sich als rettender Engel an
dank Edeka, Rewe und Tengelmann.

Denk ich an Deutschland in der Nacht…[11]

… dann denke ich an die neuen Altlasten:
Und wenn es noch so bitter fällt,
zur Bundesrepublik gehört jetzt Bitterfeld.
Und Dresden ist schwarz, nicht nur wegen der Wähler, die jetzt eher rotsehen, sondern wegen der veralteten Kraftwerke und der übrigen Dreckschleudern der Ost-Industrien. Und wegen der vielen Trabis, die nun überall am Wegesrand und auf Hinterhöfen stehen und entsorgt werden müssen.

Der Vorschlag, mit der Plaste und Elaste der Trabis die Schlaglöcher der Ostautobahnen zu stopfen, ist zwar modern, weil recyclerisch gedacht, findet aber beim Verkehrsminister keinen Gefallen. Die Teer- und Asphaltbau-Lobby hat auch bereits Einspruch erhoben.

Nun bieten zwei Ostberliner Chemiker eine umweltfreundlichere Entsorgung an. Sie züchten künstlich Bakterien, die mit Heißhunger über den Trabbi herfallen sollen. Lietz und Weißenbach, so heißen die Chemiker, versprechen, ihre Trabbikiller könnten 650 Kilogramm Plaste innerhalb von nur drei Wochen in zehn Kilogramm Biomasse verwandeln.

Seitdem lässt Riesenhuber untersuchen, wie lange es dauert, bis man die gesamte ehemalige DDR mit Hilfe der Killerbakterien in Biomasse verwandelt hätte, die man dann zur Düngung der Altländer einsetzen könnte.

Welch umweltfreundliche Lösung für das Problem alte DDR. Die Lösung ist so bio, bioer geht's nicht.

---

11 Aus dem 19. Programm der Kettwichte „Seid umschlungen, Millionen" von 1991, es war das Programm zur Wiedervereinigung

Denke ich an Deutschland in der Nacht,
dann denke ich daran, wie sehr sich das Klima in Deutschland verändert hat:

Der Wetterbericht vom Wetteramt Essen, ausgegeben am (Datum des Tages) um 12 Uhr: Die Großwetterlage: Ganz Deutschland liegt unter dem Einfluss eines emotionalen Kältetiefs. Nach den Turbulenzen des letzten Altweibersommers ist nun eine deutliche Klimaverschlechterung eingetreten, die von der Maas bis fast an die Memel reicht. Zwar haben die Trabanten sich immer mehr aufgelöst, so dass sich nun wieder die Westwinde Scirocco, Passat und Golf GTI mit ungebremster Geschwindigkeit in Deutschland austoben können, aber das in Aussicht gestellte Hoch erwies sich als Luftspiegelung, als Fata Morgana.

Die Schlechtwetterperiode hält vor allem östlich einer Linie an, die von Lübeck bis Coburg verläuft.

Die hohen Pegelstände der Elbe sind eine Folge des Tiefs. So steht nicht nur den Wittenbergern das Wasser bis zum Hals. Diese anhaltende Tiefdruckrinne hat besonders in Thüringen, Sachsen und den benachbarten Gebieten für ein schwüles Reizklima gesorgt, das sich in Ausbrüchen zu entladen droht.

Das labile Gleichgewicht in Gesamtdeutschland wird zusätzlich beeinträchtigt durch die Massen, die überall an den Grenzen stehen. So bedrohen polnische, russische und rumänische Massen die Ostgrenze, während es von Jugoslawien und Albanien herüber zu Staubildungen an der Alpensüdseite kommt.

Diese Druckverhältnisse sorgen allerdings für Aufwind bei den Rechtsradikalen. Im Ostteil des Landes bilden die

34

Luftmassen eine braune Dunstglocke. Dieser rechte Smog wird uns noch manche Schauer über den Rücken jagen, wenn diese Bewegung erst einmal durch vermehrte Niederschläge – von Ausländern – für ablandige Strömungen sorgt.

In höheren Lagen in Bonn herrscht dagegen örtlich dichter Nebel mit Einsicht-Weiten unter fünf Metern. Der Kanzler verhält sich heiter bis ulkig.

Die Polenflugvorhersage: Trotz weitgehender allergischer Reaktionen hält der Polenflug unvermindert stark an. Empfindliche Personen, die leicht gereizt reagieren, sollten deshalb vor allem sogenannte fliegende Märkte meiden.

Zum Abschluss des Wetterberichtes hören Sie noch eine Meldung des Landesamtes für Emissionsschutz in Essen:

Nach der neuen deutschen Richter-Skala gelten Asylanten als unzumutbare Emissionen. In Wuppertal sollten in einem leerstehenden Schulgebäude Asylanten untergebracht werden. Die Nachbarn wollten das – wie üblich – verhindern. Ein Düsseldorfer Richter erkannte auf Emissionsschutz (Originalzitat): „Die von Asylantenunterkünften ausgehenden Emissionen erlauben den Anwohnern ein nachbarliches Abwehrrecht." Zitat Ende.
In Wiesbaden wurde einem Iraner die Aufenthaltsgenehmigung entzogen wegen der Umweltbelastungen durch zu hohe Bevölkerungsdichte.
Hier zeigt sich, dass der Umweltschutzgedanke in Deutschland zunehmend Verbreitung findet. Ausländer, die einer Abschiebung unbedingt entgehen wollen, sollten

sich mit einem Katalysator nachrüsten lassen. Außerdem sollte man alle Aylanten nachdrücklich darauf hinweisen, dass Deutschland große humanitäre Fortschritte gemacht hat in der Entsorgung von Untermenschen durch Abschiebung. Das wurde vor 50 Jahren noch ganz anders geregelt.

Denk ich an Deutschland in der Nacht,
denke ich an den armen Adolf, den se ja jetzt wieder exhumiert haben – *(ins Publikum)* – nicht den Adolf, den Sie meinen.
Ich denk an Adolf Kolping. Nix dagegen, dat se den Adolf heiliggesprochen haben. Der hat ja auch viele Verdienste. Wie viele Kneipen allein in Deutschland haben se nach ihm benannt. Zu dem Konzern gehören mehr Kneipen, also Kolpinghäuser, als zur Stern-Brauerei.
Nein, und dann war er auch noch 'n vorbildlicher Arbeiter, also Schuster. Jahrelang hat er – wie andere ehrliche Arbeiter – seine Knochen hingehalten. Und jetzt, 1991, 126 Jahre nach seinem Tod, holen se diese Knochen aus seinem Sarg, anstatt den knochenmüden Arbeiter in Frieden ruhen zu lassen, und schlagen ihm die Knochen kaputt, bloß, weil von dem kleinen Mann nicht genug übriggeblieben ist und jetzt, wo er heiliggesprochen ist, dat halbe christliche Abendland von dem Mann 'n Knochensplitter als Reliquie haben will. Dat beste Stück Knochen kriegt natürlich der Papst in Rom. Aber wen überrascht dat?
Nun bin ich zwar nicht katholisch, aber ich will da ganz sicher gehn, dat mir sowat nicht passiert. Und so hab' ich in mein Testament geschrieben: Meine Knochen gehören mir – bis zur Auferstehung. Unabhängig davon, ob mich später mal 'ne Heiligsprechung trifft oder nicht.

Denk ich an Deutschland in der Nacht,
dann denke ich an das deutsche Fernsehpublikum und ich
frage mit Kurt Tucholsky:

Hochverehrtes Fernsehpublikum,
sag mal, bist du wirklich so dumm?

Da hast du die Kirche, es ist nicht zu fassen,
gleich nach der Konfirmation verlassen
und hattest du Fragen, Probleme und Ärger,
dann holtest du Rat dir bei Erika Berger.
Du galtest als begrenzt aufgeklärt,
aber dann wurd' dir eine neue Serie beschert
und schnur-Stracks und augenblicks
knietest du „Mit Leib und Seele" unterm Kruzifix.
Deine Entschuldigung: Man gönnt sich ja sonst nix.
Und bald erschrak man höheren Orts,
es schrie zum Himmel der Proporz:
und du warst in die „Pfarrerin Lenau" verliebt.
„Wie gut, dass es Maria gibt!"
Einen Blick braucht sie nur zum Himmel zu schicken
und es steht zwei zu eins für die Katholiken.

Sag mal, Fernsehpublikum,
bist du wirklich so dumm?

„Oh Gott, Herr Pfarrer!"
Es ist zum „Dornenvögeln".

Heimatkunde

Solo für einen Professor
Ort: Hörsaal mit Tafel

(Professor kommt mit einem Atlas unter dem Arm herein, schaut prüfend ins Publikum)
So, wenn Sie jetzt mal Ihre Atlanten aufschlagen würden, Seite 124, da finden Sie das Blatt „Südliches Ruhrgebiet". Davon interessiert uns heute nur der kleine Ausschnitt des Ruhrbogens am unteren Blattrand. Haben Sie das alle?
In einer Faustskizze wollen wir die wichtigsten Details festhalten. Da ist zunächst der besagte Ruhrbogen *(zeichnet diesen mit blauer Kreide an, blickt dann ins Publikum, fixiert jemanden)*
Was ist mit Ihnen? – Das Übliche. Sie haben Ihre Buntstifte vergessen. Herrgott, dann leihen Sie sich mal 'nen blauen Stift bei Ihrem Nachbarn aus! Schlamperei!
In diesem Ruhrbogen liegt nun „Kettwig" *(schreibt das über die Skizze)*. Die Herkunft des Namens liegt im Dunkel der Geschichte. Immer wieder hört man, eine Gruppe von Schülerkabarettisten des dortigen Gymnasiums hätte dem Ort seinen Namen gegeben. Das ist falsch. Das wird auch dadurch nicht richtiger, dass in den Presseberichten über die Auftritte der „Kettwichte" der Ortsname falsch geschrieben wird, mit „ch" am Ende. Es ist vielmehr umgekehrt: Die Kettwichte haben den Ortsnamen in ihre Ensemblebezeichnung übernommen, wie die „Münchner Lach- und Schießgesellschaft", das „Düsseldorfer Kom(m)ödchen" oder die „Leipziger Pfeffermühle". Während aber diese lokalen Ensembles eher „Notizen aus der

Provinz" bringen, sind die Kettwichte ganz am Nabel der Republik und am Puls der Zeit. Und das werde ich Ihnen nun zeigen.

Die Kettwichte haben ihren Sitz, manche auch ihren schweren Stand, am Theodor-Heuss-Gymnasium. Dieses liegt am Grunde des Ruhrtals *(zeichnet THG ein)*. Von der Ruhr nur getrennt durch die ufernahen Spekulations-grundstücke einer alteingesessenen Kettwiger Firma. Und hier am Grunde des Ruhrtals gilt auch das Grundgesetz *(zeichnet GG ein)*. Also zum Beispiel der Artikel 14: Eigen-tum verpflichtet. Sein Gebrauch soll zugleich dem Wohle der Allgemeinheit dienen.

Weiter oben, im Ortsteil „Kettwig auf der Höhe" *(lacht)*, der Name sagt eigentlich schon alles, gelten natürlich ganz andere Gesetze als das Grundgesetz.

Hier wohnt *(zeichnet Krupp-Logo ein)* ja auch Cromme, der Krupp-Chef, und *(zeichnet Thyssen-Logo ein)* Vo-gel, der ehemalige Thyssenchef. Und hier wird auch die „BILD" gedruckt *(zeichnet BILD ein)*. Na bitte, was habe ich Ihnen versprochen? Das ist eine Hierarchie! Unten das THG und das Grundgesetz als ideelle Basis und darüber Krupp, Thyssen und BILD als realer Überbau.

Und sehen Sie: Wenn dort oben das Grundgesetz gel-ten würde, hätte Cromme keine ruhige Nacht mehr in Kettwig. Hören Sie mal rein ins Grundgesetz Artikel 15: „Grund und Boden, Naturschätze und Produktionsmit-tel können zum Zwecke der Vergesellschaftung durch ein Gesetz in Gemeineigentum überführt werden." Wie soll Cromme solche satanischen Verse dem Ayatollah beibrin-gen? Wissen Sie doch: Dem Ayatollah gehören 23 Prozent der Krupp-Aktien. Glauben Sie, dem Cromme möchte es so gehen wie dem Salman Rushdie?

Nein, nein, das Grundgesetz gilt nicht für Cromme. Für den gelten die Gesetze des Kapitalismus. Das konnten Sie kürzlich schwarz auf weiß in der FAZ lesen: Dank Cromme & Co. dürfe man das Wort Kapitalismus wieder ungeniert in den Mund nehmen.

Und nun werden Sie sich fragen: Wie reagiert das ortsansässige Gymnasium darauf? Nun, dort wird in einigen Kursen so 'n bisschen „Cromme für Arme" gespielt in einer Art Börsenspiel. Die haben auch schon mal was gewonnen *(lacht)*, also im Spiel, nicht in der Realität, die Kinder.

Ja, und das Grundgesetz, das wird im Sekretariat der Schule verwahrt und erst, wenn man sich ganz sicher ist, dass die Schüler die Schule auch wirklich verlassen, also bei der Verabschiedung der Abiturienten, dann wird das Grundgesetz herausgeholt und jedem Schüler eins in die Hand gedrückt. So ist ausgeschlossen, dass das THG und seine Schüler mit dem Grundgesetz in Konflikt geraten – können.

Kettwig, meine lieben Zuhörer, hat inzwischen zwar keine Metzgerei mehr, aber als Standort für Schlachtfeste der unternehmerischen Art dank Cromme eine Spitzenposition in Deutschland. Alle Aktionäre blicken wie gebannt auf den Ort, wenn sie wieder einmal Cromme Sachen aus Kettwig erwarten. Wenn Cromme zum Beispiel 10.000 Beschäftigte abbaut – früher haben sie in Kettwig Kohle abgebaut, heute nur noch Beschäftigte, komisch, was? – also: wenn Cromme 10.000 Beschäftigte abbaut, führt das zu einer Verdopplung der Aktiengewinne. Und die Banken verdienen sowieso 100 Millionen an dem Deal. Wie sagte schon mein Großvater: Die Deutsche Bank – der Deutsche bangt. Kluger Mann, was? *(lacht)*.

Solche Ereignisse, die durch Cromme erst entstehen, brauchen natürlich einen entsprechenden infrastrukturellen Rahmen. Auch hier ist Kettwig unschlagbar. Für die Gewinner, also die Unternehmer, die Aktionäre usw. gibt es für Siegesfeiern das an Kettwigs Peripherie gelegene Nobelhotel „Schloss Hugenpoet" *(zeichnet das ein)* und für die Verlierer gibt es – dicht dabei – Deutschlands höchste Autobahnbrücke, die Ruhrtalbrücke, eine todsichere Alternative.

Ich danke Ihnen.

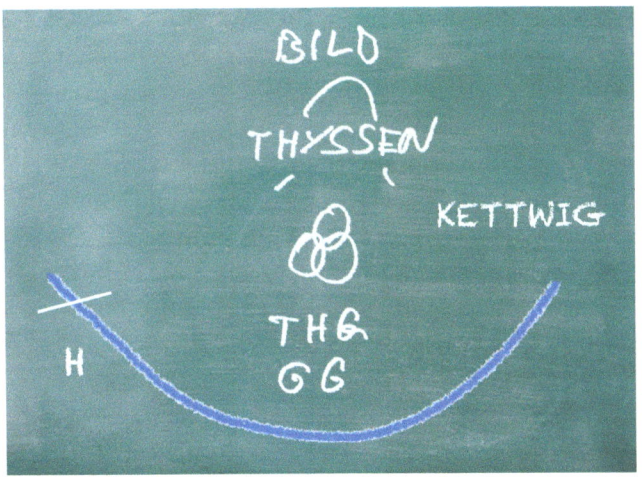

Heimatvertriebene

Sie mussten wohl nicht gut zugehört oder uns nicht richtig verstanden haben, die Kettwiger Zuschauer, die – die Saaltüre laut zuschlagend – unsere Vorstellung verließen, wo wir soeben das „Lied von der letzten Treibjagd" dargeboten hatten. Darin ging es nicht um eine Verunglimpfung der Vertriebenen, wohl aber um eine Demaskierung ihrer Vertriebenen-Verbandsvertreter Hupka und Czaja. Wir hatten also offensichtlich ins Schwarze getroffen. Also die, die weder Diskussionen noch Verhandlungen wollten. Das sah man auch daran, dass sie mir die Luft aus den Reifen meines Wagens gelassen hatten, der vor unserer Spielstätte parkte.

Die Kettwichte, die sich gesellschaftspolitisch ständig auf dem Laufenden hielten, um aktuelle Texte schreiben und sich politisch einmischen zu können, sie wussten sehr wohl um das schwere Schicksal vieler Vertriebener.

Millionen Deutsche mussten während und nach dem Zweiten Weltkrieg ihre Heimat im Osten verlassen. Die endlosen Flüchtlingstrecks haben viele Menschen nicht überlebt. Die neue Heimat erleben sie dann oftmals als „Kalte Heimat"[12], werden dort von einigen als „Flüchtlingspack" und „Flüchtlingsschweine" beschimpft.

Aber die Kettwichte fiebern auch der Versöhnung mit unseren östlichen Nachbarn entgegen, freuen sich über jede Grenzlockerung. Sie waren – oft als erste Kabarettisten – im Osten, so in St. Petersburg in Russland oder in Budapest in Ungarn, vor allem aber in der aufbrechenden

---

12 Andreas Kossert, Kalte Heimat: Die Geschichte der deutschen Vertriebenen nach 1945, Siedler Verlag 2008

DDR in Ostberlin, Erfurt, Dresden, Magdeburg, Leipzig, Gotha und Weimar.

Um so mehr empörten sie die ständigen Störfeuer der Vertriebenenvertreter. Werfen wir einen Blick auf Czaja und Hupka.

Czaja versuchte mit allen Kräften und Mitteln die Wiedervereinigung Deutschlands zu verhindern, weil die ehemals deutschen Ostgebiete nicht eingeschlossen waren. Wie radikal seine Forderungen waren, lässt der Titel seines mehr als tausendseitigen Buches erahnen: „Unterwegs zum kleinsten Deutschland?"[13] Er fordert damals noch eine Wiederherstellung des Deutschen Reiches in den Grenzen von 1937. In der renommierten FAZ wird er deshalb als Verschwörungstheoretiker und „politischer Geisterfahrer" bezeichnet, für den „der Begriff des Revisionismus viel zu harmlos ist".

Hupka hat sich zeitlebens gegen die Anerkennung der Oder-Neiße-Linie gestemmt. Anlässlich einer Feier zu seinem 100. Geburtstag preist ihn der Aussiedlerbeauftragte der Bundesregierung, MdB Hartmut Koschyk, als „leidenschaftlichen Anwalt für das Heimat- und Selbstbestimmungsrecht, die Gottesebenbildlichkeit jedes Menschen". Erst Mitglied der SPD verließ er die Partei, als Willy Brandt die Ostverträge unterschrieb; wechselte dann zur CDU, wo ihn 1986 Helmut Kohl aus dem Parlament drängte. Hupka hatte den Schlesiertag 1985, auf dem auch Kohl sprechen sollte, unter das Motto „Schlesien bleibt unser" gestellt.

---

13 Herbert Czaja, *Unterwegs zum kleinsten Deutschland? Marginalien zu 50 Jahren Ostpolitik*, Verlag Knecht, Frankfurt, 1996

Hupkas Büttenrede auf dem Schlesiertreffen

Als Funktionär der Zwischefunke
kenn ich mich aus mit meinem Stunke.
Dass rechte Stimmung kommt ins Haus,
geb ich erst mal die Losung aus
und sag es allen, Hinz und Kunz:
Schlesien gehört uns. *(Tusch)*

Es braust ein Ruf wie Donnerhall
gleich dreifach laut wie im Karneval:

Alle: Bres-lau, Bres-lau, Bres-lau!

Stellt euch mal vor, liebe Närrinnen und Narren, was
aus diesem schönen altdeutschen Karnevalsgruß unter
den polnischen Fremdbesiedlern geworden ist: Broz-law,
Broz-law, Broz-law… also so was Laffes! *(blickt wieder in
seine Büttenrede)*

Der liebe Gott, der mich erschuf,
machte mich zum Flüchtling als Beruf.
In Ceylon das Licht der Welt erblickt,
wurd ich nach Schlesien kinderlandverschickt.
(Zwischenruf aus dem Saal:) Du Rucksack-Schlesier!
Auf die Panne reagiere ich gleich:
Nach Schlesien holen wir auch Ceylon heim ins Reich!
Ich stütze mich da auf Kollegen Czaja.
Hinter Schlesien ist der Weg frei bis zum Himalaya.
Dann trat ich in Bonn in die SPD ein,
heut halt' ich christdemokratisch die Wacht am Rhein,

44

damit sie nicht die schlesischen Interessen verraten
für 'ne Lieferung polnischer Mastgänsebraten.
Die heute polnische Gäns' exportieren,
die wussten nicht, dass die gehören zu den Tieren,
die durften für uns, ohne aufzumupfen,
die Gänse nur füttern, misten und rupfen.
Und was die heute in ihre Plastikpackung pferchen,
das sind doch keine Gänse nicht, eher Gonsbachlerchen!

Liebe Närrinnen und Narren, dass die Gans schlesischen
Ursprungs ist, beweist doch schon das schöne schlesische
Liedchen, das ihr ja alle kennt und jetzt alle kräftig mit-
singt:
Heile, heile Gänschen,
es wird ja wieder gut.
Das Kätzchen hat ein Schwänzchen,
es wird bald wieder gut.
Heile, heile Mausespeck:
(Musik setzt aus, hart gesprochen:)
In hundert Jahren sind die alle wieder weg!
(Tusch)

Nun schaut euch mal unbefangen an:
Was ist das Wunder zu Kanaan
mit seiner großen Weinbescherung
gegen meine wunderbare Schlesiervermehrung?
Zwar werden die Geburtsschlesier langsam sterben,
doch den Vertriebenenstatus kann man erben!

Und auch du kannst laut Statut auf Erden
noch Bekenntnis-Schlesier werden,

fühlst du dich nur vom Deutschtum betroffen.
Wir halten die deutsche Frage schon offen
und bekämpfen die faulen Gleichgewichtler.
Das sind doch alles nur Verzichtler!
(Tusch)

Alle: Bres-lau, Bres-lau, Bres-lau!

Lied des Tanzmariechens

In Schlesien, in Schlesien,
da bin ich nie gewesien,
das ist auch gar nicht wichtig,
denn was für mich ist richtig,
das sagt mir – heidiwuppka
unser Onkel Hupka.

Von Schlesien, von Schlesien,
da hab' ich nur gelesien,
das ist auch gar nicht wichtig,
denn was für mich ist richtig,
das sagt mir – heidiwuppka
unser Onkel Hupka.

An Schlesien, an Schlesien,
soll Deutschland einst genesien,
das wiederum ist wichtig,
da ist er unnachsichtig,
da jauchzt er – heidiwuppka
unser Onkel Hupka.

Lied von der letzten Treibjagd
Ein Reiterlied für zwei Stimmen (Hupka und Czaja)

Wir treiben die Vertriebenen
Hupka – Czaja!
und die Zurückgebliebenen
Hupka – Czaja!
Wir wollen uns von Polen
noch manches Stückchen holen,
auch die Datscha an der Wolga
gehört noch Tante Olga.
Wir treiben die Vertriebenen
Hupka – Czaja!
und die Zurückgebliebenen.
Hupka – Czaja!

Wir Funktionäre hetzen
Hupka – Czaja!
die Reviere zu verletzen.
Hupka – Czaja!
Einen kapitalen Bock
im deutschen Lodenrock,
den bremst Oder nicht noch Neiße,
so wahr ich Hupka heiße.
Wir Funktionäre hetzen
Hupka – Czaja!
die Reviere zu verletzen.
Hupka – Czaja!

Und wenn die Knochen auch knirschen,
Hupka – Czaja!

wir wollen noch ostwärts pirschen.
Hupka – Czaja!
Stolz tragen wir Jäger und Sammler
und ostpolitischen Rammler,
inzwischen zwar längst am Tropfe
unser Wild-Brett vor dem Kopfe.
Und wenn die Knochen auch knirschen,
Hupka – Czaja!
Wir wollen noch ostwärts pirschen.
Hupka – Czaja!

Als Triebtäter treiben durchtrieben wir
Hupka – Czaja!
noch einmal die Meute zur letzten Begier.
Hupka – Czaja!
Verträge sind uns bloße Tinte,
wir halten uns an die Flinte.
Sind Verträge jetzt auch in der Überzahl,
wir halten uns an Rübezahl.
Als Triebtäter treiben durchtrieben wir
Hupka – Czaja!
noch einmal die Meute zur letzten Begier.
Hupka – Czaja!

Hans Buring, Texter und Komponist des Liedes von der letzten Treibjagd, bläst ins Horn. Das andere Reitpferd steht inzwischen im Kabarettarchiv in Mainz.

Lied von der moralisch-vaterländischen Nachrüstung

(gedacht für einen singenden Schlagzeuger)

In einer Zeit der Wirtschaftsbaisse,
in einer Zeit der Türkenspäße,
der Firmenpleiten und Bankrotte,
halt ich zurück mit meinem Spotte

und such' mit diesem, meinem Lied
von Ost bis West, von Nord bis Süd,
vom Alpenland bis zu den Küsten
euch moralisch-vaterländisch nachzurüsten.

Drum ruf ich auf mit meinem Lied,
dass endlich einmal was geschieht,
dass Deutschland wird, was es gewesen,
an Deutschlands Wesen woll'n wir selbst genesen.

(gesprochen)
Und, sagen Sie selbst, meine Damen und Herren, was hat
dieses Deutschland nicht alles zu bieten, wenn man nur
genau hinschaut:

(gesungen)
Vom Nürnberger Christkind die Oblaten,
von Bach und Telemann die Kantaten,
von Allensbach die Neumann-Nölle,
von Electrola die „Neue Deutsche Welle":
da da da…

Von weiland Ulbricht und Adenauer
die gesamtdeutsche Mauer
und von Springer unser täglich BILD
und den Hunger auf Lügen, ungestillt.

Vom Pfarrer Kneipp das Wassertreten,
von Stoltenberg das Kürzertreten,
von Dürer die betenden Hände
und von Kohl die große Wende.

Oh Deutschland, Deutschland, unter Kennern:
Du bist gebenedeit mit deinen Männern.

Von Johann Wolfgang Goethe den Faust,
von Adolf Hitler den Holocaust,
von der ARD allwöchentlich „Dallas“,
oh deutsche Seele, was willst du noch alles?

(gesprochen)
Wo ich gerade von Dallas rede, also allein die hohe Kul-
tur in Deutschland, einzigartig:

(gesungen)
Die Fregatte mit dem Zielferngeschoss
von Blohm und Voß
und von Rheinmetall den Leopard
und von Beuys so 'ne Art „modern art“.

Von Freddy Quinn den doppelten Salto,
ein neues Opernhaus vom Finnen Aalto,
ein Magnificat von Buxtehude
und Pommes mit Majo an jeder Bude.

Beim Griechen gibt's Gyros und Souvlaki,
beim Türken Shishkebab mit Raki
und Italiener findst du allerorten
mit Pizzas, mindestens 18 Sorten:
(zählt diese in Höllentempo auf)

Und Loempias gibt es beim Chinesen.
So reich ist Deutschlands Küche nie gewesen,
nur bei den Bayern – altvertraut –
gibt's Kraut – statt Kohl.

Oh Deutschland, Deutschland, unter Kennern,
heil Bayern dir mit deinen Watzmännern!

Von Martin Luther die Protestanten,
vom Schnellen Brüter die Demonstranten,
von den Männerchören die Heimattäler,
vom Hirtenbrief die katholischen Wähler

die im Zeichen des Kreuzes ihr Kreuz an die rechte
Stelle setzen…

Von Wagner den Ring der Nibelungen,
vom Ottoversand die prompten Lieferungen,
von der Allgäuer Samenbank die Fremdbegattung,
von Beate Uhse die „Sexualhaushaltgrundausstattung"
– für nur 234,50 DM, diskret per Nachnahme.

Vom Osterhasen versteckte Eier,
das enzyklopädische Wissen von Meyer,
von Knorr die geballte Kraft in den Teller,
von Simmel den neuesten Bestseller.

Von Zarah Leander 'nen Hauch von Verruchtheit,
vom Neandertaler 'nen Hauch von Klugheit,
von Marx und Engels das Soziale,
von Wim und Wum das Deutsch-Banale.

Von Friedrich Schiller den „Wallenstein",
von Friedrich Zimmermann den Gallenstein.
Von Flick die Gelder für Minister und Scheich,
denn vor Karl Flick sind alle gleich.

Oh Deutschland, Deutschland unter Kennern:
Du bist ein Volk von Zimmermännern.

Von Barbarossa uns're Geschichte,
von der Teissier die Zukunftsgesichte
und dazwischen die Gegenwartspolitik
kommt von Flick und

natürlich von den Parteien,
denen wir unser Vertrauen leihen.
Also „leihen" ist besser – nicht nur wegen des Reimes – .
Sicher, die wollen alle nur unser Bestes,
aber genau das sollten wir ihnen nicht geben.

Vom alten Humboldt die Pädagogik,
vom uralten Löwenthal die Logik:
Lieber mehr tot als rot
Und drum vom Verfassungsschutz Berufsverbot

Von Bleyle die knitterfreien Hosen,
von Chappi die Nächstenliebe in Dosen,

von Schering die Anti-Baby-Pille
und Berliner Milljöh – aber nur von Zille.
Und grün grünt die Heide von Hermann Löns
und silbern der Stern von Mercedes-Benz
und Lieder von Hubert Kah für alle Doofen
und das Deutschlandlied, jetzt wieder drei Strophen.

Und die Kälber marschieren im gleichen Schritt
immer noch mit, immer noch mit
und Ertl singt mit stierem Blick:
Dick ist chique, dick ist chique.

Und schwarze Füße gibt's vom Atlantik
und blaue Blumen von der Romantik
und grüne Wälder jetzt verblassen,
vom Alkoholmissbrauch gibt's rote Nasen

und überall hört man schon die Braunen
wieder von Kindern mit blonden Augen raunen.

Oh deutsches Land, oh deutsches Land,
du trägst ein farbenprächtiges Gewand.

Heimatverlag
Besuch am Stand des Bayrischen Schulbuch-
verlags auf der Frankfurter Messe

Reporterin: (WDR)	Hier, am nächsten Stand präsentiert sich ein großer süddeutscher Verlag, der Bayerische Schulbuch Verlag BSV aus München. Guten Tag, Herr Wurzacher. (nimmt Buch von der Theke) Gibt es einen bayrischen Goethe oder wie soll ich den Untertitel Ihrer Gesamtausgabe verstehen: „Goethe-Werke – Bayerische Ausgabe"?
Wurzacher:	Nun, unser Kultusminister hat als ein rechts-schaffender Mann erkannt, dass ein Goethe für alle die bayrische Jugend, vor allem das Landvolk, auf gefährlichste Weise beeinflussen könnte.
Reporterin:	Auf welchem Sektor?
Wurzacher:	Auf vielen Sektoren. Nehmen wir zum Beispiel die Politik. Da hat es behutsame Änderungen in der Farbsymbolik gegeben. So heißt es bei uns im bekannten „Heideröslein": Röslein, Röslein, Röslein schwarz,
Sprecherin:	Ah ja, das lässt sich einsehen. Sie sprachen aber von mehreren Sektoren, in denen Goethe-Texte geändert werden müssen.
Wurzacher:	Ja, ein anderer Bereich ist die Sexualkunde. Wie Sie wissen, ist die bayri-

sche Kultusbehörde nicht gewillt, der
ausufernden Sexualaufklärung im Nor-
den der Republik zu folgen. Unser
Verlag hat deshalb ja auch auf die
Bebilderung der Fortpflanzungsvor-
gänge usw. in den Biologiebüchern
verzichtet und ist auf schematische
Zeichnungen zurückgegangen.

Sprecherin: Aber was hat das mit Goethe zu tun?

Wurzacher: Nun, wir haben mit viel literarisch-
künstlerischem Einfühlungsvermögen
das Goethesche Werk dort geändert,
wo es die Grenzen bayrischer Sexual-
ethik überschreitet. Vielleicht nur ein
Beispiel: Haben Sie nie darüber
nachgedacht, welch dreckates Lied
Goethe Gretchen singen lässt,
während es sich auszieht?
„Es war ein König in Thule,
dem sterbend seine Buhle
einen goldnen Becher gab.“

Sprecherin: Nun ja, und wie sieht das zukünftig in
Bayern aus?

Wurzacher: „Es war ein König in Leicester,
dem sterbend seine Schwester…“

Sprecherin: (zum Publikum gewandt)
Danke, Herr Wurzacher, für die
Präsentation der gereinigten bayri-
schen Fassung. Was würde wohl Goethe
zu dieser Schulbuchausgabe sagen:
„Was man schwarz auf weiß besitzt,
kann man getrost nach Hause tragen.“

56

Goethes Rückkehr im Jahre 1982
(ein Beitrag der Kettwichte zum Goethejahr)

Kaum ging er in Frankfurt so für sich hin,
da hatte er nur noch die Flucht im Sinn.
Denn keine Nahrung, frisches Blut,
saugt er aus freier Welt,
das hatten ihm ganz absolut
die Farben Hoechst verstellt
und all die vielen Raffinerien,
die sich am Main hinunterzieh'n.
Sie zeigen mit ihren Fackeln in der Nacht,
wie wir's so herrlich weit gebracht.
Und wenn der Mensch in seinem Qualm verstummt,
gab ihm kein Gott zu sagen, was er leidet.
Oh sähest du, voller Mondenschein,
zum letzten Mal noch auf den Main!
Welch' Schauspiel, aber ach, ein Schauspiel nur!
Es passt nicht in der Herren Konjunktur.
Die plagen keine Skrupel noch Zweifel
Sie fürchten weder Börner[14] noch Teufel.

Und Goethen ward von alledem so dumm,
als ging ein Mühlrad im Kopf herum.
Er rief: Hinweg aus diesem grauen Himmel,
ich werf' mich in des Dorfs Getümmel,
noch heut' fahr ich nach Walldorf 'nein.
Hier bin ich Mensch, hier darf ich's sein.

---

14 *Holger Börner war von 1976 bis 1987 hessischer Ministerpräsident*

Die Startbahn dröhnt nach alter Weise
in Stratosphären Wettgesang
und ihre vorgeschriebene Reise
die Boeing fliegt mit Donnergang.
Ihn fasst ein längst entwohnter Schauer,
der Menschheit ganzer Jammer fasst ihn an,
denn hinter einer hohen Mauer
sie bauen noch 'ne weitere Bahn
und ist's ein gar beschränkter Raum,
man sieht kaum Grünes, keinen Baum.
Nur wer 'ne Startbahn kennt,
weiß, was die leiden.

Es möcht' kein Hund so länger leben.
Drum hat es auch Protest gegeben.
Zwar haben die Raupen schon zugefasst
und kreischende Sägen den Wald zerfetzen.
Was du ererbt von deinen Vätern hast,
willst du's erwerben, muss du es besetzen!

Sag, Goethe, haben wir nicht bei dir gelesen,
setzt auf meinen Leichenstein:
Dieser ist ein Mensch gewesen
Und das heißt – ein Kämpfer sein?

Heimaterde

Was ist „Heimaterde"? Der Duden macht es sich wieder einmal einfach: „Heimaterde ist heimatliche Erde als Ausdruck der Verbundenheit mit der Heimat." Nun, das ist eine semantische Redundanz, die uns nicht weiterbringt. Vielleicht hilft da ein Blick auf die Nutzer dieses Wortes weiter. Unter „Heimaterde" finden Sie zum Beispiel im Internet Tausende von Menschen, die sich dieses Begriffs in Deutschland bedienen. Dazu gehören

– Stadtväter und Gemeinderäte auf der Suche nach Ortsnamen für meist neue Stadtteile
– Hersteller von Schnaps und Lederwaren
– Bestattungsunternehmer und Betreiber von Sterbekassen
– Pferdezüchter
– rechte Heavy-Metal-Sänger
– Schriftsteller
– Gründer von Sportvereinen und Kleingartenanlagen
– unzählige Gastwirte

u.v.a.

Aber bringen wir etwas Ordnung in die Heimaterde.

„Schnaps, das war sein letztes Wort". Fangen wir also von hinten an. Die „Grumsiner Heimaterde" aus der Uckermark wird folgendermaßen beworben: „Ein kräftiger, sinnlich abgerundeter Kräuterlikör. Ausgesuchte Kräuter geben diesem Likör seinen einmaligen Charakter und seine Würze. Das schmeckt nach Heimat!" Das empfindet die Konkurrenz aus Altenberg (ebenfalls im Osten der Republik) wohl genauso. Sie mixt auch „Heimaterde".

Dass die Vertreter der schwarzen Zunft wie Bestattungsunternehmer und Betreiber von Sterbekassen mit der Heimaterde handeln, kann man noch verstehen. Wieso aber Pferdezüchter? Vielleicht muss man sich die Trakehner Zuchtstute „Heimaterde" genauer ansehen: Der Vater war „Carajan", der Mutter-Vater „Heimdal".

Was aber treibt einen Lederwarenhersteller zur Produktbezeichnung „Heimaterde" für Geldbörsen in Antikbraun und Ochsenblut? Oder – noch garstiger – für weibliche Ledercorsagen in Schwarz und Rot?

Die Songwriter sind da schon leichter zu durchschauen. Etwa wenn OST+FRONT texten:

„Heimat Erde
Wo mein Herz schon lange wohnt,
Wird wahre Schönheit noch belohnt.
Falsche Zungen[15] stehen stramm,
Erwarten ihren Untergang.[16]"

Eine andere Heavy-Metal-Band nennt sich direkt „Heimaterde". Sie hätten sie noch im September 2018 auf dem Black-Castle-Festival in der Rhein-Neckar-Region genießen können.

Die Kleingärtner garantieren, dass Deutschland noch überall Kolonien besitzt. Das Schülerkabarett „Die Kettwichte" hat das Thema in einer Szene behandelt (siehe Seite 85).

„Heimaterde" ist auch immer wieder einmal der Titel eines Romans, so kürzlich erschienen von Lucas Vogelsang, der im Untertitel „Eine Weltreise durch Deutschland" schon andeutet, dass der politische Schlachtruf „Deutschland muss Deutschland bleiben" dringend überdacht werden muss.

---

15 *eine gewagte Metapher, finde ich*
16 *Reimen können sie auch nicht.*

Leider erscheinen unter dem Titel „Heimaterde" aber auch solche wie der Familienroman von Horst Feuer. Ich zitiere daraus drei Zeilen: „Jakob Erdstaub aus der Pfalz (hatte sie) bei der Auswanderung bis hierher nach Galizien gebracht und in unseren Garten gestreut, die Heimaterde zur neuen Heimaterde."

Als ich den Namen des Protagonisten las, habe ich erst einmal lachen müssen, so unfreiwillig komisch fand ich ihn. Hätte der Autor (wie sein Kollege Kafka seinen Josef K.) wenigstens Jakob E. genannt, wäre ihm einiges an Peinlichkeit erspart geblieben. Anderseits erinnerte mich die Romanfigur sogleich an einen anderen Auswanderer aus der Pfalz, Trump, dem das Sich-lächerlich-Machen schon in die Wiege gelegt wurde.

Ich bin kein Fan der „Lindenstraße", obwohl diese Fernsehserie mich fast ein Leben lang begleitet hat. So habe ich auch die Folge 23 seinerzeit nicht gesehen und ich bin erst durch die Recherche auf sie gestoßen, sie heißt nämlich „Heimaterde". Heutzutage ist es bekanntlich kein Problem, Aufzeichnungen von Fernsehsendungen im Internet wiederzufinden. Ich habe dieses Kabinettstückchen Geißendörfers mit Vergnügen angeschaut.

Joschi Bennarsch (wiederum: was für ein Name!) handelt mit Heimaterde aus den verschiedensten Ländern, die er trauernden Ausländern in Köln verkauft, die sie ihren verstorbenen Angehörigen mit ins Grab schütten. Seine Frau füllt die angelieferte Erde zu Hause in Weckgläser und beschriftet sie mit den Länderangaben. Dann geht der Frau ein Weckglas verloren, sie lässt es irgendwo stehen und um ihren Mann nicht in die Bredouille zu bringen, geht sie in den Garten und füllt ein Glas mit Erde aus der Lindenstraße. Oder hat sie noch etwas ausländische Erde gehabt und diese nur „gestreckt", wie meine Mutter den Vorgang bezeichnet hätte? Sei's drum. Jedenfalls hat Geißendörfer ein so sensibles Thema wie den Umgang mit dem Tod zwar voller Komik, doch mit Respekt behandelt.

Viele Migranten in Deutschland – vor allem aus der Türkei – denken immer pragmatischer, wenn sie ihren Kindern nicht mehr zumuten wollen, dass sie ihre verstorbenen Eltern für ihr mühsam Erspartes in die Türkei überführen lassen, damit sie in Heimaterde bestattet sind. So haben sie beim Berliner Senat den Antrag gestellt, auch muslimische Bestattungen zu ermöglichen.

Auch im umstrittensten Kunstprojekt in der Geschichte des Deutschen Bundestages geht es um Heimaterde. Nur mit zwei Stimmen Mehrheit in namentlicher Abstimmung hat sich der Bundestag im April 2000 für die Installation des Künstlers Hans Haacke „Der Bevölkerung" entschieden. Dieser Widmungsdativ bezieht sich natürlich auf den Schriftzug „Dem Deutschen Volke" am Reichstag.

Das Kunstwerk im nördlichen Lichthof des Reichstages besteht aus einem 20 Meter langen Holztrog, gefüllt mit Erde aus der gesamten Bundesrepublik. In seiner Mitte befindet sich der von innen beleuchtete Schriftzug „Der Bevölkerung".

Die Installation – von Beginn an bewundert und bekämpft – ist heute aktueller denn je. Es geht um die Frage, ob nur der Deutscher ist, der deutsche Eltern hat oder in Deutschland geboren ist. Der Strom der Flüchtlinge lässt diese Frage immer wichtiger erscheinen.

Haacke hatte mit der bewussten Gegenüberstellung von Volk und Bevölkerung alle Mitglieder des Bundestages provozieren wollen. Er bezog sich dabei auch auf einen Aufsatz Bert Brechts, den dieser 1935 im Exil geschrieben hat: „Wer in unserer Zeit statt Volk Bevölkerung sagt, (…) unterstützt schon viele Lügen nicht." Haacke assoziierte den Begriff Volk mit Volksgenossen, Volkssturm und Volksgerichtshof, dessen Urteile im Namen des Volkes ergangen seien. Auch sei der Begriff Volk durch die DDR belastet mit Volksarmee und Volkspolizei.

Haacke hatte die Mitglieder des Bundestages aufgefordert, für dieses partizipatorische Kunstobjekt Erde samt Samen und Wurzeln sackweise aus ihren Wahlkreisen mitzubringen und einzufüllen und er untersagte jede gärtnerische Einwirkung.

Heute ist der Trog ein grünes Biotop.

Der damalige Bundestagspräsident Wolfgang Thierse sprach sich zwar letztlich für das Projekt aus, hatte aber Anfangsbedenken. Die Verwendung von Erde erinnere ihn an Blut und Boden, Antje Vollmer empfand hier nur „Biokitsch" und Rita Süßmuth sagte, sie habe hohen Respekt vor der Heimaterde.

Aber Respekt vor der Heimaterde haben sogar Vampire. Bei „Vampira Wiki" kann man lesen, dass diese dunklen, blutsaugenden Nachtgestalten, wenn sie über längere Zeit nicht am Ort ihrer Wiedergeburt weilen können, immer eine Handvoll Heimaterde mit sich führen, die ihnen übernatürliche Kräfte verleiht.

Und hier kommt wieder Seehofer ins Spiel, der ja durch seine Ministerarbeit in Berlin jetzt häufiger von seiner mythischen Heimat Bayern entfernt weilt. Es geht seit längerem das Gerücht, dass er zu den Vampiren gehört oder zumindest über deren Kräfte verfügt. Ein Beleg dafür war der Tag von Söders – also seines Intimfeindes – Wahl zum bayrischen Ministerpräsidenten. In der Hosentasche eine Handvoll Heimaterde holt Seehofer vor der Presse die Islamkeule „Der Islam gehört nicht zu Deutschland. Deutschland ist durch das Christentum geprägt" hervor und zerschlägt den feierlichen Auftritt Söders. Die Presse zum Beispiel berichtete vorrangig über Seehofers Attacke. Vielleicht stützt sich Seehofer aber auch auf die uralten Weisheiten der Chinesen. Von ihrem Schriftsteller Wu Cheng En (1500 bis 1582) stammt der Satz: „Eine Handvoll Heimaterde ist mehr wert als zehntausend Pfund fremden Goldes".

Bleiben wir in Bayern, wo – wie Sie alle wissen – die Heimaterde noch besonders wertvoll ist. Wir schauen auf die Bayernhymne, die offizielle Staatshymne des Freistaats Bayern.

1   Gott mit dir, du Land der Bayern,
     deutsche Erde, Vaterland!
     Über deinen weiten Gauen
     ruhe Seine Segenshand!
     Er behüte deine Fluren,
     schirme deiner Städte Bau
     Und erhalte dir die Farben
     Seines Himmels, weiß und blau!

2   Gott mit dir, dem Bayernvolke,
     dass wir uns'rer Väter wert,
     fest in Eintracht und in Frieden
     bauen uns'res Glückes Herd!
     Dass mit Deutschlands Bruderstämmen
     einig uns ein jeder schau
     und den alten Ruhm bewähre
     unser Banner, weiß und blau!

Sie werden in der heute gültigen Fassung die „Heimaterde" vermissen. Das verdanken Sie Franz Josef Strauß. Er hat die „Heimaterde" in der zweiten Zeile wieder ausgetauscht durch die „deutsche Erde". Noch beim Besuch von Papst Benedikt XVI im Jahr 2006 hatte dieser zusammen mit Edmund Stoiber die „Heimaterde" besungen. Der „Spiegel" vermutet, dass Strauß mit der Entbajuwisierung seine Bewerbung als Bundeskanzler unterstreichen wollte. Die ging aber bekanntlich in die Lederhose. Zuvor sollten wir noch einen Blick auf die Textfassung der Bayernhymne werfen, welche „Biermösl Blosn" den Bayern zumuteten:

„Gott mit Dir, du Land der Baywa,
deutscher Dünger aus Phosphat …"

Das Lied hatte es schon bis in ein Liederbuch für bayrische Hauptschüler der achten Klassen geschafft, als der Frevel entdeckt wurde. Tja, manches dauert in Bayern eben etwas länger. Dann aber wurde die gesamte Auflage eingestampft.

Das ist umso bedauerlicher, da erst kürzlich der bayrische CSU-Landwirtschaftsminister, Christian Schmidt, in einem Alleingang seine Zustimmung zu dem Unkrautgift Glyphosat gegeben hat und selbst Angela Merkel dieser Vertrauensbruch missfiel. Weil Bayer (nicht Bayern!) jetzt Monsanto übernimmt, holen wir das Glyphosatproblem heim ins Reich. Milliarden Entschädigungsforderungen aus den USA.

Glyphosat-Panzer
Karikatur von Raymond Scharwächter

Heimatschutz
Poseidon in Dinslaken

Personen: Poseidon – Nixe – Benedikt *(Oberbürgermeister von Dinslaken)* – Johann *(sein Stadtkämmerer)*
Szene spielt am Niederrhein

Nixe: *(liegt da wie hingegossen bei der Körperpflege, dann tritt Poseidon auf)*

Pos.: *(spuckt einen Strahl Wasser aus)*
Ich hab' die Schnauze voll. Ich steig' aus.

Nixe: Wie? Du steigst aus?

Pos.: Ich geh an Land.

Nixe: Poseidon geht an Land. *(kichert)* Das ist ein Witz der Weltgeschichte.

Pos.: Wie sprichst du mit deinem Gott?
Respektlose Göre! Ich habe ein Angebot.
Einen Beratervertrag.

Nixe: Beratervertrag?

Pos.: Nun gut, es ist eher ein Werbevertrag. Aber auf jeden Fall ein ruhigerer Job als dieser.

Nixe: Und wie heißt die Firma?

Pos.: Iglo.

Nixe: Du gehst nach Grönland? *(fröstelt)* Uh-aah!

Pos.: Ich sagte Iglo, nicht Iglu. Ich gehe nach Hamburg.

Nixe: Und wofür wirbst du?

Pos.: Für Fisch natürlich, tiefgefrorenen Fisch.

Nixe: *(schwärmt)* Fische, wie süß! Ich liebe Fische.
Ihre silbrigen Schuppen am Bauch, ihre starke Schwanzflosse und – sie sind so schlüpfrig.

Pos.: Ach was, Papperlapapp! Die Iglo-Fische sind vier-
eckig und trocken.

Nixe: Und trocken?

Pos.: Ja, paniert.

Nixe: Was für eine Schweinerei! Und für so etwas willst
du dich hergeben? Das ist ja pervers! Schäm dich,
Poseidon!

Pos.: Ich kann nicht mehr, Süße. Mir steht das Wasser
bis zum Hals. Ich bin überfordert. Ich bin wie
ausgepumpt. Seit der Entstehung der Erde, seit
Wasser und Land geschieden wurden, habe ich
die Gewässer ordentlich verwaltet. Okay, das
war immer ein harter Job. Ständig war ich auf
Dienstreisen. Aber immerhin blieb ab und zu
auch etwas Zeit für Privates.

Nixe: *(vielsagend)* Ich weiß, mein Strubbelkopf.

Pos.: Aber seit diesen jährlichen Jahrhunderthoch-
wässern hat sich mein Kontrollgebiet enorm
erweitert. Früher konnte ich – vom Windgott
Äolos getrieben – wochenlang die türkisblauen
Fluten der Ägäis durchpflügen. Von den Insel-
stränden winkten mir die Najaden und Nereiden
und die lockenden Sirenen zu …

Nixe: Wie ich dich kenne, ist es beim Winken nicht
geblieben.

Pos.: Und heute? Heute fisch' ich im Trüben in den
Rheinauen bei Dinslaken. Sie haben mich
beschissen.

Nixe: Wen meinst du?

Pos.: Meine Brüder.

Nixe: Du sprichst von Zeus und Hades?

Pos.: Natürlich. Zeus, der Gerissene, hat bei der

Aufteilung sich den Himmel auf Erden genommen. Hades, der faule Hund, hat da unten seine geschlossene Abteilung mit Grufties. Nur mein Bereich wächst und wächst und ist durch die Unvernunft der Erdbewohner nicht mehr regierbar. Ich rackere mich ab und wie ich das Schlitzohr Zeus kenne, guckt der durch sein Ozonloch auf mich herab und schüttelt sich vor Lachen. Ich aber bin Poseidon, nicht Sisyphos!

Nixe: Du tust mir leid, Poseidon. Aber du hast doch noch mich.

Pos.: Ich will ja nicht meckern, aber irgendwie *(zeigt auf die Schwanzflosse)* bist du Nixe auch nix Halbes und nix Ganzes, nicht Fisch noch Fleisch. Da hab' ich kürzlich im Hamburger Hafen auf der Reeperbahn ganz andere Nixen gesehen. Da war alles dran. Und scharf, sag' ich dir. Das hätte mir fast meinen Dreizack verbogen.

Nixe: *(weint)* Dabei mach ich mich doch für dich so attraktiv.

Pos.: Paah! So attraktiv: Deine Schuppen sind klebrig, deine Haare zerzaust und dann der penetrante Geruch, mit dem du vor dich hin müffelst. Das nennst du attraktiv?

Nixe: Du bist ungerecht, Poseidon. Meinst du, ich liebte diesen Gülleduft des Niederrheins, die Sulfat- und Pestiziddünste unterhalb Leverkusens? Oder die Teerflecken auf meinen zarten Schuppen, die ich nicht mal mit Terpentin wegbekomme? Und wozu nehme ich das alles auf mich? Nur weil ich dir überall hin folge, mein Gebieter. Und nun beleidigst du mich auch noch. *(weint wieder)*

Pos.:	Hör auf zu flennen. Da kommen welche. *(Er horcht)* Das sind Erdbewohner. Denen wollte ich sowieso noch die Kiemen langziehen, diesen Pfuschern. Los, verschwinde, tauch ab, sonst gaffen sie nur wieder dich an, anstatt mir zuzuhören.
Nixe:	Poseidon, ich würde aber gern …
Pos.:	Hau ab!
Nixe:	*(unwillig ab)*
	(Benedikt und Johann treten auf, beide angesäuselt)
Joh.:	Du, Benedikt, lass dir das gesagt sein: die Opposition im Rat der Stadt wird uns diesen Beschluss um die Ohren schlagen. Der kostet uns Wählerstimmen. Das wird uns noch Leid tun. Das ist die dritte Schließung eines städtischen Schwimmbades in den neunziger Jahren, das ist nicht mehr – hick – sozialverträglich.
Ben.:	Reiß dich zusammen, Johann. Da müssen wir durch. Ich kann als Oberbürgermeister auch kein Geld kacken …
Joh.:	Pssst, Benedikt!
Ben.:	kein Geld k…
Joh.:	Psst!
Ben.:	k – kann ich nicht, ehrlich.
Joh.:	Die werden uns Fehlplanung vorwerfen.
Ben.:	Die Schäden durch die Hochwässer der letzten Jahre sind doch keine Fehlplanung. Dafür können wir doch nichts. Das kommt von oben. Da haben uns die Götter veräppelt.
Pos.:	*(räuspert sich)*
Joh.:	*(blickt sich um, erschrickt)* Da isser.
Ben.:	Wer?
Joh.:	Poseidon, der Gott aller Gewässer auf Erden. Er

kann uns retten. Los, Benedikt, reiß dich zusammen. Jetzt kommt's darauf an. *(singt)* Heil sei …

Beide   *(singen)* Heil sei dem Tag, an dem du uns erschienen, widebum, widebum, widebum.

Pos.:   *(winkt ab, ins Publikum)* Singen können se auch nicht, diese Politiker.

Ben.:   *(auf den Knien)* Großer Poseidon, du Herr aller Gewässer, *(rülpst)* gebiete unserer Not Einhalt mit deinem Dreizack.

Joh.:   Unsere schöne Stadt am Niederrhein steht zu großen Teilen unter Wasser. Du kannst uns davon befreien, wenn du nur willst. Du brauchst bloß deinen Dreizack in die Erde …

Pos.:   Wenn ich mit meinem Dreizack auf diesen Boden schlage, wird dort sofort eine Quelle entspringen.

Ben.:   Halt! Halt ein! Nur das nicht. Nicht noch mehr Wasser. Aber du, Gott, kannst doch dem Rhein gebieten, dass er austrocknet.

Pos.:   Und was versprichst du dir davon?

Ben.:   Dass wir endlich das Hochwasser loswerden.

Pos.:   Und weißt du auch, was dann zum Vorschein kommt?

Joh.:   Das Rheingold? Dann bräuchten wir das dritte Schwimmbad nicht zu schließen.

Pos.:   Ihr dummen Kaulquappen! Es träte die längste Mülldeponie Europas zutage, über 1000 Kilometer lang. Ich weiß, wovon ich rede. Hier *(hält ihnen den Ärmel seines Lottergewandes unter die Nase)* riecht mal!

Ben.:   Aber wenn selbst die Götter machtlos sind, wie soll ich als schlichter Oberbürgermeister …

Joh.: und ich als einfacher Stadtkämmerer

Ben.: ja, wie sollen wir Herr der Lage werden? Wir sind nur schwache Menschen, arm am Beutel

Joh.: er meint den Haushaltssäckel

Ben.: und schwach am Geist.

Joh.: Da hat er recht. Poseidon, wir bitten dich, erleuchte uns! *(singt)* Heil sei …

Beide: Heil sei dem Tag, an dem du uns …

Pos.: Hört auf oder ich tauch sofort unter!

Beide: Wie du willst. Bitte.

Pos.: Eurer Planung fehlt der göttliche Funke. *(nach hinten)* Pass auf, Nixe, jetzt kannst du was lernen! Da habt ihr auf der einen Seite ein öffentliches Schwimmbad, das ihr schließen wollt. Wie groß ist das Becken?

Joh.: Zwei Becken, Herr, beide 30 mal 10 Meter, also zusammen 600 Quadratmeter.

Pos.: 600 Quadratmeter *(lacht)* Das ist nichts. Das ist eine Pfütze im Vergleich zu den jährlich überfluteten Rheinauen. Ihr müsst nur die Hochwassergebiete nicht mehr als Katastrophengebiete deklarieren, sondern sie umwidmen zu einer Seenplatte. Aus Dinslaken wird Interlaken. Und die Wählerstimmen aller Angler, Kanuten, Ruderer, Segler, Schwimmer, Taucher, Wasserballer, Wellenreiter, Windsurfer, sie alle sind euch sicher.

Ben.: Ein göttlicher Einfall!

Pos.: Dann leert ihr die Sandsäcke, die ihr gegen meine Fluten aufgestapelt habt, und ihr habt goldene Sandstrände. Plage d'Emmeriche, Playa Voërde.

Ben.: Voërde?

Joh.: Ja, Voerde. – Aber, Poseidon, die Wassertemperaturen werden die Schwimmer abschrecken.

Pos.: Ihr seid kreativ wie Plankton: Leitet die Kühlwässer der Hochöfen und Kraftwerke direkt in den Rhein, wenn das nicht reicht, stellt endlich den heißen Brüter in Kalkar an und ihr werdet sehen: die Temperaturen steigen zusehends! Bald werdet ihr tropische Strände haben und Bot-trop, Wal-trop und Cas-trop machen ihrem Namen alle Ehre.

Ben.: Göttlich!

Joh.: Aber Poseidon, ein Problem bleibt: Manche Häuser wären von der Außenwelt abgeschnitten. Schulkinder zum Beispiel müssten mit dem Boot abgeholt werden, weil sie der Schulbus nicht erreicht.

Pos.: Seefahrt tut not.

Ben.: Das hat Kaiser Wilhelm auch gesagt. Unsere Zukunft liegt auf dem Wasser.

Pos.: Verschrottet die Schulbusse! Die Kinder werden begeistert sein, wenn sie statt in überfüllten Bussen in luftigen Booten zur Schule gefahren werden.

Ben.: Das ist auch viel gesünder.

Joh.: Aber woher kriegen wir so viele erfahrene Bootsführer?

Pos.: Oh ihr Blindschleichen! Zu Tausenden leben sie in Asylantenheimen verkannt unter euch, die Boatpeople. Sie sind mit dem Wasser vertraut, brauchen keine großen Hilfsmittel, notfalls rudern sie mit den bloßen Händen und ihr natürliches Geschick lässt sie auf der ärmsten Planke sicher stehen.

Ben.: Das sind die idealen Bootsführer!

Joh.: Auch für den schmalen Haushaltssäckel!

Ben.: Johann, überleg mal: Die Förderung der inter-
kulturellen Begegnung schon auf dem Schulweg,
da werden wir der Ratsfraktion der Grünen die
Show stehlen. Welch göttlicher Einfall!

Joh.: Poseidon …

Ben.: Großer Poseidon, wir danken dir für deine Er-
leuchtung. Los, Johann, reiß dich zusammen,
nochmal:

Beide: Heil sei dem Tag, an dem du uns erschienen,
widebum, widebum, widebum.

Pos.: *(ab, trifft am Bühnenrand auf die Nixe)*
Mir ist schlecht.

Nixe: Na, denen hast du's aber gegeben. Aber so
dumm, dass die deine Ratschläge politisch um-
zusetzen suchen, können doch selbst Erdbewoh-
ner nicht sein, nicht einmal im angetrunkenen
Zustand.

Pos.: Wart's ab.

Nixe: Vielleicht hast du ja Recht. Wer weiß, wozu die
alles noch fähig sind *(kichert)*, wenn die schon
viereckigen Fisch essen …

Heimatliebe

Heimatliebe ist die Liebe zur Heimat. Sie ist „… etwas Kleineres, auch Unschuldigeres als Patriotismus, Vaterlandsliebe oder gar Nationalismus" *(Yogawiki)*.

Sie hat was von Gemütlichkeit, Urvertrauen, Bodenständigkeit und sicherer Verankerung, sie ist eben die Liebe zum Heimatland.

Letzteres ist weder weiblich noch männlich. Und das hat auch die Bundesfrauenbeauftragte Kristin Rose-Möhring erkannt und den Vorschlag in die Welt gesetzt: Der Deutsche möge doch bitte zukünftig in der Nationalhymne das Wort „Vaterland" durch „Heimatland" ersetzen. Okay, sie ist nun einmal Frauenbeauftragte der Bundesregierung und macht ihren Job. Damit könnte ich mich abfinden. Doch dass das „brüderlich mit Herz und Hand" in ein „couragiert mit Herz und Hand" verändert werden soll, also bei dieser Aussage der Schwester Kristin schwillt mir der Kamm.

Als ich das zum ersten Mal hörte, fiel mir sogleich ein Erlebnis aus unserer Familien-Frühgeschichte ein: Wir waren mit einer befreundeten Familie in den Urlaub nach Griechenland gefahren. Dort besuchten wir ein orthodoxes Kloster. Die Popen – wie üblich – mit langen Bärten in schwarzen Kleidern. Unsere Kinder besuchten alle gemeinsam den katholischen Kindergarten unserer Gemeinde, der von Ordensschwestern betrieben wurde. Die Kleinen beobachteten das Geschehen mit einiger Verwunderung. Dann fasste sich eins von ihnen ein Herz und sagte: „Papa, guck mal, eine Schwester mit Bart!" Das war couragiert.

Kristins unheilige Dreifaltigkeit von Courage, Herz und Hand klingt bestenfalls nach den drei Musketieren. Zu meinem Bild vom Demokraten passt sie nicht.

Die Heimatliebe gehört längst nicht mehr zu uns. Sie ist verkauft worden. An ein jetzt gleichnamiges Anzeigenblatt im Sauerland. Das halte ich auch noch nicht für schlimm, denn aus dem Sauerland hat noch nie Gefahr gedroht. (Damit kalkuliert auch Friedrich Merz.)

Aber ein neuer Modekonzern hat sich den Namen als Marke gesichert und verkauft überall in Deutschland unter dem Logo „Heimatliebe" seine Kollektion. Die besteht vor allem aus einem „Bekleidungsgeschäft für modische Frauen im mittleren Preissegment." Die eigene „Heimatliebe"-Kollektion sei inspiriert durch die italienische Lebensart[17] (der Deutschen?). Man biete aber auch – vor allem bei Hosen – fremde Kollektionen an wie Buena Vista oder Blue Monkey. Kleine Wohnaccessoires wie Wanduhren (keine Kuckucksuhren!) und Korkensammler (keine Lumpensammler!) bereichern die eigene Kollektion. Sie können das alles nachlesen.

Und: Von mancher Art Heimatliebe sollten Sie besser die Finger lassen!

---

17 *Zu diesem Thema sollten Sie unbedingt den passenden Limerick auf Seite 139 lesen.*

Die zweite Hochzeitsnacht

Als sie in sein Leben trat – sie hatte in der ersten Tanzstunde für Fortgeschrittene ihm auf die Füße getreten – stand fest, dass sie es miteinander versuchen wollten, dieses Wagnis der Ehe: „bis dass der Tod euch scheidet". Natürlich dachten sie nie an dieses Fernziel. Sie hatten viel zu planen mit den nächsten Schritten: der Suche nach einer kleinen Wohnung, der Vorbereitung der Hochzeit und der anschließenden Hochzeitsreise. Für ihn ging es noch um das Bestehen des Staatsexamens. Sie hatte schon eine Stelle als Grundschullehrerin in einem Nachbarort. Ihr Gehalt als Anfängerin musste sie beide über die Runden bringen, was nicht leicht war, auch wenn er in den Semesterferien etwas hinzuverdiente. Die Miete ihrer ersten Wohnung war höher als kalkuliert. Das musste an anderer Stelle eingespart werden. Aber wo? Als einziger Posten geriet bald ihre Hochzeitsreise in den Blick.

Sie hatten von einer Kreuzfahrt in die Karibik geträumt. Sie hatten Prospekte gewälzt und Angebote verglichen, vor allem waren sie von den bunten Bildern fasziniert, den lachenden kakaofarbenen Gesichtern und darin die unglaublich weiß blinkenden Zähne. Wenn sie ganz in diese Traumwelt vertieft waren – er hatte dann den Arm um ihre Schulter geschlungen – drang aus dem Prospekt der Lärm exotischer Vögel und das rhythmisch-melodische Scheppern der Steelbands, die in den Häfen zu ihrer Begrüßung angetreten waren.

Sie taten sich schwer, diese Imagination fallenzulassen. Aber es gab auch Gründe, die diesen Verzicht auf einen lang gehegten Traum leichter machten. Sie mussten mit

der Hochzeitsreise nicht bis zu den Schul-Sommerferi-
en warten. Sie konnten schon im Frühjahr heiraten, im
März. Die Hochzeitsreise würde dann auf ein verlängertes
Wochenende, also zwei bis drei Tage, verkürzt.
Vielleicht gab der Prinz den Ausschlag für diese beschei-
denere Lösung. Seine Eltern hatten angekündigt, dass sie
ihnen zur Hochzeit einen kleinen Gebrauchtwagen schen-
ken wollten, einen NSU-Prinz, den sie – günstig wie sie
glaubten – von einem Onkel übernommen hatten. Das
Hochzeitspaar freute sich sehr. Jetzt waren sie unabhängig
und der Weg frei in die Flittertage.

Über das Ziel ihrer Reise waren sie sich sofort einig. Es
ging ans Meer. Wenn sie dieses schon nicht durchkreuzen
konnten, so wollten sie wenigstens den Schiffen hinterher-
schauen. Der kürzeste Weg zum Meer war die Strecke zur
holländischen Küste.
Wie die reduzierte Hochzeitsreise war auch die Brautmes-
se eher gedämpft und schlicht. Schließlich war Fastenzeit
und kein Frohlocken oder gar Jubel erlaubt.
Nach dem festlichen Mittagessen in kleinem Familien-
kreis verabschiedeten sich die Frischvermählten Richtung
Holland.

Er hatte mal daran gedacht, die Hochzeitsnacht in der
eigenen Wohnung zu verbringen. Sie hatte das strikt abge-
lehnt, weil auch seine (auswärtigen) Eltern hier die Nacht
verbrachten. Sie schliefen auf geliehenen Matratzen im
Kinderzimmer, das ja noch seiner Bestimmung harrte.
Hinter Duisburg, kurz vor der Abfahrt „Hamminkeln"
– gerade hatten sie das lärmende Ruhrgebiet hinter sich
gelassen und erfreuten sich an den behäbigen Weiden des

Niederrheins – meldete sich der Prinz mit lautem Geknatter zu Wort. Sie erschrak. Er fuhr den Wagen in die nächste Werkstatt und ließ sich den Schaden vom Kfz-Meister persönlich erklären: Dort, wo das Hosenrohr starr mit dem Abgaskrümmer verschraubt ist, sei durch Rostfraß ein Loch entstanden, das nun den Knatterlärm verursache. Zusätzlich seien die Federn beschädigt, die die Schwingungen an der Schraubverbindung abfangen sollten. Das sei nicht unüblich – bei einem so alten Wagen. Natürlich könne er mit dem Schaden noch weiterfahren, schließlich würde auch die Werkstatt wegen des Wochenendes gleich schließen, er müsse aber auf Polizeistreifen achten und dürfe heute auf keinen Fall noch bis zur Küste durchfahren.

Der Bräutigam lenkte seinen Prinzen erst gar nicht wieder auf die Autobahn, sondern suchte gleich am rechten Rheinufer ein möglichst einladendes Hotel für seine Hochzeitsnacht. Bald wurde er fündig. Als er die Rheinuferstraße im langsamen Tempo heruntergefahren war, zeigte sich an der fehlenden Beleuchtung, dass einige Betriebe geschlossen hatten. Aber es blieb eine kleine Auswahl von Hotels, deren Zimmer vermutlich alle einen Blick auf den Rhein verhießen. Aber das war ihm egal, er hatte ja vor, andere Prioritäten zu setzen.

Er wendete den Wagen und bat seine junge Frau, sich eines der Hotels für die Nacht auszusuchen. Dann fuhr er langsam, aber laut knatternd die Rheinuferpromenade zurück. Sie war durch die Wagenpanne noch verunsichert und ihre Gedanken waren beim weiteren Verlauf ihrer angeschlagenen Flittertage. Insgeheim wünschte sie sich jetzt sogar in ihre eigenen vier Wände zurück.

„Nun, mein Schatz, welches hast du dir ausgesucht?". Sie musste zugeben, dass sie sich noch nicht entschieden hatte und bat ihn mit einem Lächeln, dem er nie hätte etwas verweigern können, noch einmal zu wenden und die Hotels von außen erneut zu inspizieren.

Als sie nun – immer noch laut knatternd – zum dritten Mal die Rheinuferpromenade entlangfuhren, wurden vereinzelt Gardinen beiseitegeschoben, traten menschliche Umrisse ans Fenster, einer hatte sogar die Verandatür geöffnet und ihnen etwas nachgerufen.

Sie empörte sich: „Du glaubst doch nicht allen Ernstes, dass ich ein solches Hotel betrete, wo man jetzt schon mit den Fingern auf uns zeigt!". Er mochte es, wenn sie wütend wurde. Sie bekam dann rote Flecken im Gesicht, die sie für ihn nur noch attraktiver machten. „Versuch mal, ob du in der zweiten Reihe was findest! Ich brauche keinen Rheinblick." Nun waren sie sich auch darin einig.

Sie landeten im Bahnhofshotel. Sie schienen die einzigen Gäste des Hauses. Der Wirt war über die unerwartete Buchung sichtlich erfreut. Der Kellner wischte verlegen über die Tische und brachte die Speisekarte. Er war enttäuscht, als die einzigen Gäste zu verstehen gaben, dass sie bereits gegessen hatten. Sie entschuldigte sich beim Kellner: „Wir kommen direkt von unsrer Hochzeitstafel." Nun erhielten sie Glückwünsche vom Kellner und vom Wirt. Der Frischvermählte sah sich gezwungen, beim Ober eine Flasche Sekt auf's Zimmer zu bestellen.

Als es an der Zimmertür klopfte und der Kellner den Sekt bringen wollte, flüchtete sie mit einem beherzten Sprung ins Badezimmer und schloss sich ein. Er, im Bademantel, öffnete die Tür und nahm den Sektkühler in Empfang. Er wollte ein ordentliches Trinkgeld geben, aber das Portemonnaie steckte in seiner Hosentasche im abgeschlossenen Badezimmer. Er machte gegenüber dem Kellner eine verklemmte Geste der Verlegenheit und schloss die Tür. Die Pannen rissen nicht ab.

Die Hochzeitsnacht wurde eine einzige Katastrophe. Das Bahnhofshotel war hellhörig, die alten Fenster nicht lärmgeschützt. Er fand: da hätten wir unsere Hochzeitsnacht direkt in einem Stellwerk verbringen können. Die Durchsagen des röhrenden Lautsprechers hörten gegen Mitternacht auf, weil der Personenverkehr ruhte. Dafür rollten jetzt verstärkt unendlich lange Güterzüge auf den freien Gleisen. Er spürte, wie sein Bett zitterte und bebte, ohne dass er etwas dazu beigetragen hätte. Das hatte er sich anders vorgestellt.
Sie versuchte vergeblich, ihn zu beruhigen. Ihr war es immerhin kurze Zeit gelungen, sich in einen Traum zu flüchten. Sie träumte von einem Kind, ihrem Sohn, der mit einer Eisenbahn aus echtem Buchenholz spielte. Die Lok zog nur zwei Anhänger, die rot lackierte Räder hatten und nahezu lautlos über den dicken Teppich im Kinderzimmer rollten. Als sie wieder vom Lärm der Güterzüge geweckt wurde, gab sie ihrem Mann einen langen Kuss, der das Versprechen enthielt, alles in der zweiten Hochzeitsnacht nachzuholen.

Hinter Alkmaar erreichten sie die Küste. Sie hatten sich so aufs Meer gefreut. Nun konnten sie nicht einmal aussteigen. Ein eiskalter Sturm aus Nordwest rüttelte an ihrem Auto. Weit und breit war kein Schiff zu sehen. Was haben wir ein Glück, bei diesem Wetter nicht auf einem Kreuzfahrtschiff hin- und hergeschaukelt zu werden, dachte sie und drängte ihn – obwohl erst früher Nachmittag – nach einem Hotel für die zweite Hochzeitsnacht zu suchen.

Die meisten Hotels waren geschlossen. In einem der typischen übergroßen Fenster eines alten Klinkerhauses an einer Gracht lockte ein Schild „geopend". Ein älteres Meisje zeigte ihnen das Zimmer. Es war sauber, hatte aber einen etwas morbiden Charme. Hier hatten schon Pfeffersäcke der Niederländisch-Ostindien-Kompanie genächtigt oder Gewinnler der Tulpenmanie im 17. Jahrhundert.

Die Küche des Hauses war geschlossen. Das Meisje empfahl einige Restaurants in der Umgebung. Das Flitterpaar entschied sich anders. Es kaufte in einem Albert-Heijn-Supermarket ein Stück mittelalten Gouda, eine gute Flasche Rotwein und wit brood. Sie nahmen ihr Abendmahl im Bett ein. Das Zimmer war unbeheizt gewesen und die Heizkörper schafften es nur langsam, den hohen Raum zu erwärmen.

Er machte eine frappierende Entdeckung, die ihn die Holländer in einem neuen Licht erscheinen ließen: Das ungeliebte wit brood, das er oft genug als pampig-pappig verspottet hatte, erwies sich hier im Bett als der Glücksfall. Es krümelte nicht. Die Holländer hatten das sprichwörtliche Problem des deutschen Brotes ausgetrickst. Wie hieß es – frei nach Goethe: Wer nie sein Brot im Bette aß, weiß nicht, wie Krümel pieken.

So stand auch nach dem Picknick keine Bettsäuberung an. Die zweite Hochzeitsnacht konnte beginnen. Sie teilten sich den Rest des Rotweins und stießen auf ihre Flittertage an, die doch noch ein gutes Ende nehmen wollten.

Da räusperte sich – unmittelbar hinter ihrem Bett – eine Stimme. Pause. Dann ertönte die tiefe Männerstimme wieder: „Mi – mi – mi." Wieder Pause. Beide blickten sich im Zimmer um, verwirrt, ratlos. Sie beugte sich vorsichtig aus dem Bett und blickte darunter. Nichts.

Dann begann ein unsichtbarer Bariton mit warmer getragener Stimme zu singen: „Und Jesus sprach zu seinen Jüngern." Pause.

Beide hatten sich im Bett aufgerichtet und arbeiteten fieberhaft an der Deutung ihrer Situation. Sie flüsterte: „Das ist der Evangelist, ich glaube aus Bachs Matthäus-Passion. Aber wo steckt der?" – „Das habe ich herausgefunden, mein Schatz" sagte er triumphierend, aber mit leiser Stimme. „Schau dir die alte Stuckdecke an! Siehst du die Muschel-Embleme in den Ecken an der Fensterseite? Gegenüber fehlen sie. Hinter unseren Betten haben die neuzeitlichen Pfeffersäcke, die Geldschneider den großen Raum einfach halbiert und an ausreichende Schalldämmung gar nicht gedacht. So haben wir jetzt einen Evangelisten gleich hinter unserem Bett."

Sie zischte: „Das Zimmer ist eine Zumutung." Auch er wollte sich aufregen, dachte gar daran, gegen die Wand zu klopfen. Da sang der Bariton wieder. Er übte noch etwa zwei Stunden. Um zehn Uhr hielt er die Nachtruhe ein. Sie waren beide selbst Chorsänger und hatten seine schöne warme Stimme immer mehr liebgewonnen. Sie hielten sich bei der Hand und hingen ihren Gedanken nach. Er sinnierte über Passionen, Fastenzeit, über Leidenschaften und Leiden. Gab es in Holland nicht sogar eine Stadt mit dem Namen „Leiden"?

Sie versuchte sich vorzustellen, wie der Bariton aussah. Hatte er seinen schwarzen Anzug an oder sang er seinen Part im Pyjama? Nein, das wäre unmöglich. Er sang von Jesus und seinen Jüngern.

Als der Evangelist die Übungsstunde beendete, waren beide in einer Stimmung, die keine erotischen Gedanken mehr aufkommen ließ. Er strich ihr über den Kopf und flüsterte: „Mein Schatz, es war auch so ein unvergesslicher Abend. Unsere Hochzeitsnacht holen wir endgültig morgen nach, wenn wir wieder zu Hause sind. Ohne Eltern im Kinderzimmer, ohne rollende Güterzüge und ohne Evangelisten."

Aus der Gartenkolonie
Solo für einen Schrebergärtner

(rollt über seinen Jägerzaun eine Stacheldrahtrolle aus)
Aua, verdammt, jetzt hab' ich mir schon wieder an dem scharfen Zeugs den Finger aufgerissen *(leckt Blut ab)*. Na, wenigstens der Beweis dafür, dat et wat nützt. *(macht weiter, dann zu seinem Gartenzwerg)* Heute Abend ist hier dicht, Männe. Dann brauchsse keine Bange mehr zu haben, wenne hier nachts Wache schiebst. Die Laube hab' ich auch schon vernagelt, paar morsche Latten hab' ich auch schon ausgewechselt, wie du gesehen hast. – Männe, ich sach dir: dat is jetzt schon kein normaler Jägerzaun mehr, dat is 'n Jäger-90-Zaun, der hält jedem Angriff stand.

Wat sach ich: Da vorne lungern wieder zwei rum. Wat führen se jetzt wieder im Schilde? Da, der eine holt 'n Beutel raus, Geld zählen. – Tatsächlich: jetzt zählen se beide Geld. Wat meinsse, wat die sich in 't Fäustken lachen. Für null Arbeit so 'ne Menge Geld vom Sozialamt … guck mal, wat die grinsen!

Aber die grinsen ja immer – immer so undurchsichtig. Da weisse nie, wo du dran bist. – Männe, du zum Beispiel, du grinst ja auch. Aber da weiß jeder: Du fühlst dich wohl, machst dir keine Sorgen, stehst gut im Futter, dir geht et gut inne Heimat, du lässt dich nicht verrückt machen, dein Grinsen verrät einfach 'n fröhlich deutschet Gemüt. Ganz wie bei unserm Kanzler. Aber bei diesen Tamilen, Libanesen und wie dat ganze Gesocks heißt, da weisse nie, warum die grinsen. Aber dat is ja bekannt. Dat weiß jeder

85

aus 'm Fernsehen: Wenn James Bond so 'n richtig grinsenden Halunken fertigmachen muss, woher stammt dieser Dr. No? – Irgendwo aus Tamilien.

Da, da steigen se auf 'n Fahrrad. Na, wer weiß, wo se die herhaben. Im Flugzeug haben se die bestimmt nicht mitgebracht. Aber ich will denen nix unterstellen. Ich bin nämlich nicht ausländerfeindlich. So Parolen wie „Ausländer raus" und so, kommt bei mir nicht an. Da find ich dat „Ausländerrückführungsgesetz" vonne Bundesregierung schon besser. Dat meint datselbe, aber klingt ja viel humaner. Nee nee, einfach rausschmeißen, dat is ohne Kultur, da is abschieben auch schon wieder 'n bisskn milder. Ich mein', wir könnten sowat im 20. Jahrhundert nich mehr regeln wie … *(hat was entdeckt)* Menschenskinder! *(zum Gartenzwerg)* Guck dir dat mal an: eins, zwei anner Hand, eins unter der Schürze und wer weiß, wieviele noch im Kinderwagen stecken. Ich sach dir, Männe, bald sind die mehr wie wir. Dann müssen hier unsere Radieskes dat Feld räumen, dann wuchert hier überall nur Knoblauch. Deren Fruchtbarkeit macht uns nochmal kaputt.

(dreht sich wieder den Zuschauern zu) Aber wat wollt' ich noch sagen? Ah ja, wir leben im 20. Jahrhundert und da kann man dat allet nich mehr so regeln wie inne Steinzeit, also inne Völkerwanderung. Damals wurde ja um jeden Meter Scholle gehauen und gestochen. Dat darf man nicht vergessen: Da haben die Germanen auch nich so einfach Asyl gekriegt bei den Itakern oder bei den Türken.

Nee, heute muss dat allet 'n bisskn zivilisierter gehen. Wir haben die UNO, dat Rote Kreuz, ich meine, die Türken haben ja nich mal dat Rote Kreuz, die haben da wat anderet. Und dann haben wir noch den Papst. Der fährt überall hin und sagt: Wir sind alle eine große Kirche, die Gemeinschaft der Heiligen.

Aber die Gemeinschaft da, die jetzt bei uns inne Kirche is, sonntags morgens in den ersten Reihen: nur Tamilen und Pollacken, Katholiken jedenfalls… Da gehen wir ja jetzt nich mehr hin. Beim letzten Mal is meine Frau knallrot geworden. Da hatte doch tatsächlich eine von den Mattkas ihre Jacke an, die auffällige mit dem Fuchspelz ummen Hals, die meine Frau früher immer sonntags inner Kirche getragen hat. Aber durch dat ganze Theater mit den echten Tierpelzen und weil eines Tachs so 'n Blaach zu meiner Frau sacht: Tante, du solltest dich schämen mit dem armen Fuchs ummen Hals … da hat se die Jacke inne Kleidersammlung gegeben bei Kolping. Und jetzt die Pleite inner Kirche. Alle gucken zu der Mattka, dann wieder zu meiner Frau und als wir gerade am Singen waren „Macht hoch die Tür, die Tor macht weit", zoch mich meine Frau am Ärmel und flüsterte: „Komm raus!" Und seitdem is nix mehr mitte Gemeinschaft der Heiligen. Zwei Wochen lang isse nicht mehr nach Penny einkaufen gegangen. Ja, dat hat se von ihrer Nächstenliebe.

Also, dat sind nicht nur Nazis und so, denen dat zu viel wird mitte Ausländer hier bei uns. Also, nich dat se mich missverstehen. Ich könnte die Republikaner nicht wählen – glaub' ich. Aber geschmunzelt hab' ich über deren Wahlspot in Berlin. Die waren ja gut drauf. Da zeigen die so rumlungernde Türkenkinder und welche Melodie spielen die dabei? „Spiel mir das Lied vom Tod". Ich hab' mir vor Lachen auf die Schenkel geschlagen. Is ja doch toll, wat sich so 'n dreister Kerl allet in einem freien demokratischen Land erlauben darf, ich meine, wenn et nich gerade gegen die Kirche geht – oder die Juden.

Nee, die sind mir alle zu direkt, diese Republikaner. Da kann ich mich nicht offen zu bekennen. Andererseits: „Spiel mir das Lied vom Tod" – so 'n bissken Abschreckung kann nicht schaden. *(ins Publikum)* Nee, wirlich nicht. Dat lassen se sich mal vom Kleingärtner gesacht sein. Gucken se hier: Auch ich hab' überall die Silberstreifen hängen, damit ich die Vögel davor abschrecke, sich in meinem Garten einzunisten. Und da bin ich heute viel menschlicher als mein Opa früher. Der hat uns Kindern damals zwei Pfennig für jeden Spatz gegeben, dem wir den Hals umgedreht hatten. Und mein Opa war kein Republikaner, dat war 'n ganz angesehener Mann, der war – nebenbei – Presbyter.

Je mehr ich darüber nachdenke: Von uns, also den Kleingärtnern, könnte die Regierung 'ne Menge lernen, wie man sein Land in Ordnung hält *(holt kleines Handbuch aus der Tasche und zitiert)*: „Paragraph eins der Gartenpflege lautet: Unkraut, das unseren Gartenpflanzen den Lebensraum streitig macht, muss rechtzeitig bekämpft werden. Hat das Unkraut erst einmal Wurzeln geschlagen, ist das Ausrotten schwierig und mühselig, weil sich das Unkraut meist in Placken und an schwer zugänglichen Stellen einnistet. In einem späten Stadium hilft dann nur noch Unkraut-Ex. Sehen Se? Und daran halten sich hier alle inne Kolonie.

Kolonie – jetzt, wo ich et sach: Is ja eigentlich auch interessant: Die Schrebergartenkolonien sind die einzigen Kolonien, die Deutschland bis heute geblieben sind. Und guckse dir mal an, wie sauber da allet in Reih' und Glied ausgerichtet ist. Sollte man auch ma drüber nachdenken.

(riecht angestrengt) Booh, wat stinkt dat! *(blickt über das Publikum hinaus, dann wieder ins Publikum)* Dat is bestimmt wieder Hermann, Räucher-Hermann, wie er hier heißt. *(ruft und winkt hinüber:)* Hermann, wat qualmsse denn da wieder für 'n Zeug? Willsse Parasiten abspritzen? Nee? Wat denn dann? Vergasen? Ah ja, Maulwürfe. Hauptsache, die kommen nicht zu mir rüber. *(lacht)*

Heimathäppchen

Der Gesetzgeber hat den öffentlich-rechtlichen Rund-
funkanstalten, also auch der ARD, den Auftrag erteilt, die
kulturellen Bedürfnisse der Gesellschaft zu erfüllen. Das
größte kulturelle Bedürfnis ist bekanntlich die Ess- oder
gar Fresskultur[18].

Deshalb ist es kaum verständlich, dass erst vor wenigen
Monaten der WDR dieser Forderung nach Esskultur kon-
sequent nachgekommen ist – mit der neuen Sendereihe
„Heimathäppchen – oder: So kocht NRW".

Nun fehlt es bekanntlich nicht an Kochsendungen im
Fernsehen: Da sind Helmut Gote, der Vorkoster Björn
Freitag, Ulla Scholz, Polettos Kochschule, Nic Shanker,
Anja Petralia, Martina und Moritz und selbstverständlich
das Multitalent Yvonne Willicks, die keinen Themenbe-
reich auslässt und uns mit ihrer Kompetenz übergießt.
Aber bisher fehlte ein wichtiger regionaler Aspekt. Nach-
dem erst die Bayern, dann NRW und jetzt der Bund ein
Heimatministerium eingeführt haben, ist es höchste Zeit
für „Heimathäppchen". In einem Begleitheft zur neuen
Serie heißt es dann auch, die „Heimathäppchen" seien für
die Nordrhein-Westfalen „ein Gefühl von Heimat und
Geborgenheit".

---

18 *Zu welcher Kulturart Sie gehören, können Sie am einfachsten mit
dem sogenannten BMI ermitteln, dem Body-Mass-Index. Sie müssen
nur Ihr Körpergewicht durch das Quadrat der Körpergröße teilen und
können dann in wohlfeilen Tabellen (vom Untergewicht bis zur starken
Adipositas) ablesen, zu welcher Kulturform Sie neigen.*

Es werden in der Sendereihe auch weitere Aufträge erfüllt, so zum Beispiel in der Sozialberatung: Da wird das Gericht „Leineweber" vorgestellt mit der Erläuterung: „ein typisches Arme-Leute-Essen aus günstigen Zutaten, das lange satt hält. Der Name erinnert an die Textilindustrie in Ostwestfalen-Lippe." Mich erinnert er auch an den Aufstand der Weber und an Gerhart Hauptmanns düsteres Drama, das er darüber schrieb. Das „Arme-Leute-Essen" passt auch gut in unsere Zeit, wenn man an die weltweite Aufmerksamkeit denkt, die die Essener Tafel mit ihrer Aktion und ihrem Hilferuf „Es ist nicht genug für alle da!" erregt hat. Da hat das reiche Deutschland wieder einmal die ganze Welt überrascht: Wir können nicht nur Mercedes, Porsche und BMW, wir können auch Armut.

Und je nachdem, wie verblendet wir sind, können wir diese Armut nicht an uns ranlassen. Wir verleugnen sie trotz der langen Warteschlangen vor den Tafeln quasi sehenden Auges. Dass sich der Gesundheitsminister Jens Spahn mit der Debatte über die hinreichenden Hartz-IV-Sätze ausgerechnet an die Spitze dieser herzlosen Zeitgenossen stellt, macht die Sache nicht besser. Der „Spiegel" hat wohl zu Recht gemutmaßt, dass die nun überall aufkeimenden Heimatministerien eine gezielte Aufgabe haben: Sie sind „Ministerien für Gefühle", eine Art Geheimwaffe gegen Wutbürger.

Ich hoffe, Ihr (kritisches) Interesse an der neuen Kochserie des WDR geweckt zu haben. Sie werden wahrscheinlich – kulinarisch gesehen – enttäuscht sein. Ich wähle mal drei besonders Gaumen kitzelnde regionale Gerichte aus:

1. Currywurst mit selbstgemachter (!) Sauce
2. „Dortmunder Rosenkranz"[19] – das sind ordinäre Bratwurstschnecken in Pappbrötchen, anderswo bekannt als „Kringelburger" und – ganz pikant –
3. Walnuss-Fischstäbchen[20] mit Joghurt-Zitronen-Dressing

Ich werde versuchen, meine Frau von dieser Koch-Sendereihe fernzuhalten, damit sie – ungetrübt von dieser Esskulturserie – mich weiter bekocht wie bisher. Auch meine internationalen Fremdgänge zum „Balkanrestaurant", zum Chinesen oder Griechen werde ich weiter pflegen wie bisher. Ich hoffe, der WDR mit seinem Kulturauftrag hat dafür Verständnis.

---

19 *Wer da nicht an Götze denkt...*
20 *Hierzu passt, wie extra dafür gemacht, die Kabarettszene „Heimat-schutz – Poseidon in Dinslaken", siehe Seite 67*

Kinderlieder der Heimat
leicht modernisiert

Im Märzen der Bauer sein Rösslein einspannt

und
Im Herzen der Bauer
die Drogen verdammt.
Auch kostet's viel Geld,
was in die Schweine er rammt.
Auch liebt er die Antibiotika nicht,
doch bringen grad die ein Drittel mehr an Gewicht.

Die Bäurin, die Mägde,
sie dürfen nicht ruh'n,
sie haben mit dem Spritzen der Schweine zu tun.
Erst gibt's Östrogene, sind die Schweine geschockt,
dann werden sie vorm Schlachten noch betageblockt.

Es waren zwei Königskinder

Es waren zwei Königskinder,
die hatte die Presse so lieb,
und kamen sie mal zusammen,
die Presse gleich drüber schrieb:

(drei Zeitungsverkäufer stürmen die Bühne, wedeln mit ih-
ren Blättern und rufen „Prinzessin überraschend schwanger"
– „Ihr Freund impotent" – „War es der Gärtner?)

Und knutschte der Prinz sein Schatzi
und war es im tiefsten Verlies,
prompt filmten die Paparazzi.
Sagt selbst: Ist das nicht fies?

Auf unsrer Wiese stehet was

Auf unsrer Wiese stehet was,
vergiftet dir die Lymphe.
Es hat ein weißes Küppelchen,
daneben zwei hohe Stümpfe.
Es strahlt so viele Millirem,
das macht die Leute plem plem plem.
Wer kann das erraten?

Das kann doch wohl der Storch nicht sein,
der trägt doch rote Strümpfe,
hat auch kein weißes Küppelein
und auch noch keine Stümpfe.
Schickt Strahlen in die Welt hinein?
Das kann doch nur ein Kraftwerk sein!
Jetzt hab ich's erraten.

Es tanzt ein Li-La-Lauschemann

Es tanzt ein Li-La-Lauschemann
um unser Haus herum, widebum,
ein Vieh- ein Verfassungsschutzemann
um unser Haus herum,
er spitzelt und beschnüffelt dich
und wirft sein Säckchen hinter sich
(gesprochen) damit es ihn nicht bei der Ausübung seiner

verdeckten Ermittlungen behindert
Es tanzt ein Li-La-Lauschemann
um unser Haus herum, widebum.

Hier hab' ich so manches liebe Mal
(Dia-Einblendung Kettwig-Nord, BILD-Druckerei)

Hier hab' ich so manches liebe Mal
mit meiner Laute gesessen,
hinunterblickend ins tiefe Tal,
die BILD und die WELT vergessen.

Heut' sitz' ich aufs Neue und spähe umher
und lausche hinauf und hernieder:
die Kettwiger Wälder, sie rauschen nicht mehr,
der Blätterwald Springers drückt sie nieder.

Oh Kettwig, das einst eine Hochschule hatt',
gibt nun statt der Bildung die BILD her
und macht in seiner Gartenstadt
den Bock, den Springer, zum Gärtner.

Denn Eigentum verpflichtet
(Sauflied der Makler)

Refrain:
Denn Eigentum verpflichtet,
doch keiner weiß, wozu.
Das Volk wird unterrichtet,
doch das, das bleibt tabu.

Vers 1:
Heut gibt's nichts mehr zu roden
wie noch in alter Zeit.
Der deutsche Grund und Boden
ist unter uns verteilt.

Vers 2:
Drum Bürger, lass uns makeln,
eh dass du dich besinnst
und lass auch dein Orakeln,
wie hoch uns der Gewinst.

Besuch der Milka-Kuh im Musikantenstadl
(Solo)

Als kleines Kalb
auf einer Alp
war lange Zeit – wie alle andern sie ein doof Vieh.
Dann kam's TV
und malt sie blau
und bald schon wurde sie ein richtiger Fernsehprofi.
Und unser fesches Rindvieh-Madl
ging in den Musikantenstadl
und auf das Knödel-dödel-jodel – und Juchhu
schaute unsere lila Kuh.

(gesprochen)
Milka hatte sich für den Heimatabend fein gemacht, hatte
ihren prallen Euter – wie die meisten im Saal – fesch im
Lodenkostüm hochgebunden und wartete nun, was sich
im Stadl abspielte. Zu Hause kam nur zweimal am Tag
der Bauer in den Stadl – zum Melken. Sonst war's eher
langweilig. Aber hier: Hier saßen alle in langen Reihen an
der Tränke und manche schauten so erwartungsvoll, als
ob sie noch gemolken werden müssten.
Aber dann rollte Carolin Reiber über die Bretter und prä-
sentierte ihren ersten Garst, Gast, eine bayrische Traum-
frau, die Botschafterin deutscher Volksmusik:

(gesungen)
Vor Sangeslust
schwillt ihr die Brust:
das Mieder spannt, die Bluse klemmt, es drückt das
Dirndl.
Es schlägt das Herz
zuschauerwärts,
der Sauerstoff erreicht nicht mehr das kleine Hirndl.
Die Stimmung steigt, im Saal beginnt's zu brodeln,
Maria Helwig ist am Jodeln:
A Knödel-dödel-Streibl-Weibl-jodel-bäh
Matrona Bavariae.

(gesprochen)
Milka besaß durch den täglichen Umgang mit dem Wer-
befernsehen eine solide Grundausbildung. Und so musste
sie bei dem folgenden Auftritt unwillkürlich an Brechts
„Kälbermarsch" denken:
Hinter der Trommel her / trotten die Kälber / das Fell für
die Trommel / liefern sie selber.
Karl Moik hatte unter martialischen Klängen Ernst Mosch
und seine Truppe aufmarschieren lassen. Der ging mit sei-
nen Trachten-Jankern vor einem Papp-Watzmann in Stel-
lung. Ernst Mosch gab für seine Mannen das Gesicht vor.
Alle schauten sie verwegen wie Luis Trenker:

(gesungen)
Und dann Ernst Mosch,
wie er drosch
mit seinen paramiliärischen Egerlingen.
Wie blau die Luft,
der Watzmann ruft,

ein Ruf wie Donnerhall und „Hoch die Gläser klingen".
Und im schönen Gleichschritt marsch
wippt das Publikum mit dem Arsch
bei jedem Knödel-dödel-didel-Dudelsack,
aber: zack – zack!

(gesprochen)
Und als dann ein beurlaubter Postbote und und ein frei-
gestellter Hosenverkäufer die Bühne betraten, sah Mil-
ka, wie die vielen bayrischen Freistaatler unter den Zu-
schauern zum Schulterschluss fanden und das gesunde
Volksempfinden sich ihrer bemächtigte. Milka musste tief
durchatmen.

(gesungen)
Vermaledeit
auf alle Zeit!
Den frommen alpenländischen Marienglauben
beginnt naiv
konservativ
das clevere Napalm-Duo[21] gründlich zu entlauben
mit sakro-poppigen Melodien
verdienen sie kräftig an Marien
mit ihrem Knödel-dödel-pseudo-frommen Schmäh:
Patrona Bavariae.

(gesprochen)
Und dann wurden die „Wildecker Herzbuben" angekün-
digt als Höhepunkt der volksmusikalischen Apokalypse.
Und schon wackelten zwei unförmige Schwämme heran.
Milka kannte diesen Gang. So musste sie laufen, wenn der

---

21 *gemeint: das Naabtal-Duo*

Euter zu prall gefüllt war und sich an ihren Hinterbeinen rieb. Beide trugen bunte Westchen und niedliche Hütchen über dem, was man sonst Gesicht nennt. Das Publikum geriet in Verzückung.

(gesungen)
Und Hand in Hand
ohn' jeden Verstand,
die Buben säuseln ihren süßen Schunkel-Schinken
und ringsherum,
das Publikum
beginnt mit tränennassem Taschentuch zu winken.
Und das Gesülz der zwei Dickhäuter,
das wirkte wie ein Schlag ins Euter
mit seinem Knödel-dödel-jodel, ach wie fein:
Herzilein.

(gesprochen)
Als das Publikum zum rhythmischen Klatschen genötigt wurde, das den letzten Auftrieb bewirken sollte, hatte Milka unauffällig das Musikantenstadl verlassen. Ihr war übel, vermutlich war die Milch sauer geworden. Sie trottete nachdenklich in ihr bescheidenes Stadl zurück.
Den eigentlichen Schock aber erlebte sie am nächsten Morgen, nun wieder beim Fernsehen, als sie die Einschaltquote des gestrigen Volksmusikabends erfuhr:

(gesungen)
Der Infas-Test
gab ihr den Rest.
Sie hört, dass jeder zweite Deutsche hierbei zuschaut.
Da geht's ihr dreckig,

sie wird ganz fleckig,
denn so viel Menschen-Dummheit geht auf keine
                                    Kuhhaut.

Sie schaut zum Herrgott dankbar hin:
Wie gut, dass ich ein Rindvieh bin,
kein Knödel-dödel-Kiechle-Viechle mit bim-bim.
Dank Dir, dass ich ein Rindvieh bin.
Muuh!

Heimatpfarre

Wie jeder ordentliche Katholik habe auch ich eine Heimatpfarre: die von St. Georg in Essen. Sie liegt im Stadtteil Heisingen. Ihr Mittelpunkt ist die Kirche von St. Georg, in der wir geheiratet haben und beide Kinder getauft wurden. Halt! Vorher wurde ich dort zum zweiten Mal getauft. Ich war nämlich, bis ich meine Frau kennenlernte, evangelisch. Nun hatte aber der mich aufklärende junge Kaplan schon Arges von der evangelischen Taufe gehört, dass zum Beispiel nicht genügend Wasser verwendet wurde oder dass etwas mit den Taufpaten nicht stimmte und und und. So war ich denn mit einer weiteren Taufe einverstanden. Mein Gesinnungsgenosse Till Eulenspiegel war, wie aufmerksame Leser wissen, sogar dreimal an einem Tag getauft worden. Ich fühlte mich in bester Gesellschaft – und zwar wohl.

Meine Frau Gilla machte ihre ersten Grundschuljahre in St. Georg, wo sie bis zur Pensionierung als Lehrerin tätig war. Dass ihre Mutter zuvor auch Lehrerin an der Georgschule war, haben Sie sich sicher schon gedacht.

Die Pfarre St. Georg hatte natürlich auch einen Kirchenchor. Musik spielte in unserem Familienleben eine große Rolle, So war klar, dass wir unsere Tochter „Carmen" (= das Lied) tauften. Sie ist dieser Bestimmung treu geblieben. Sie ist heute Musiklehrerin an einem Gymnasium. Und es erscheint auch nicht verwunderlich, dass Carmen in den Kirchenchor eintrat, wo schließlich – nach dem Stimmbruch – auch unser Sohn Johannes landete. Jetzt war die ganze Familie vereint.

Dann wählte mich der Chor mehrheitlich zum Chorsprecher. Das war eine Ehre für mich, auch weil ich jetzt mit dem Kantor und anderen interessierten Sängern die Stücke aussuchte, die der Chor als nächste einstudierte. Allerdings wussten die Leute im Chor auch von meinen Hobbys, etwa dass ich mit meinen Schülern satirische Texte und Songs schrieb und so war es zu erwarten, dass sie mich auch baten, für unseren Chorkarneval den einen oder anderen Beitrag zu liefern. So schrieb ich das „Drachenlied".

Das Drachenlied

Vers 1:   Sankt Georg war ein prima Kerl,
        war frisch und fromm und fröhlich,
        auch war er tapfer vor dem Feind,
        so wurd' er bekannt allmöhlich.
        Und schließlich kam die Christenschar
        mit einem fiesen Drachen
        und brachte ihn Sankt Georg dar,
        er sollt ihn alle machen.
        Da hat der sich beklagt
        und zu dem Volk gesagt:
Refrain: Wat soll ich mit dem Drachen machen,
        er stinkt so aus dem Hals?
        Dagegen hilft kein Rachengold,
        nicht Pfefferminz noch Malz.
        Ich glaube fast in meiner Not,
        ich stech den Drachen
        (Volk: Stich den Drachen)
        ich stech den Drachen tot.

Vers 2:   Der Drache aber bettelte:
Ach Schorsch, lass mich am leben.
Ich will aus meinem Drachenschatz
dir 'nen Sack voll Euros geben.
Sankt Georg tapfer widersprach:
Mein Freund, das wird nicht klappen,
die andre Partei, die bietet mir
'nen Platz in ihrem Wappen.

Refrain: Wat soll ich ...

Drachen-Karikatur der Georgschule in Essen-Heisingen
von Stephan Marx

Neue Heimat

Der so verlockende Name „Neue Heimat" hat sich in Deutschland als Albtraum entpuppt. Er steht für einen beispiellosen Skandal in der deutschen Wirtschaftsgeschichte, er ist ein Modell frühkapitalistischer Rücksichtslosigkeit. Ausgerechnet der Deutsche Gewerkschaftsbund (DGB) hat unter diesem Namen die soziale Gerechtigkeit mit Füßen getreten.

In ihren besten Jahren hat die Wohnungsgesellschaft über mehr als 500 000 Wohnungen verfügt. Am 8. Februar 1982 stürzt der gewerkschaftseigene Bauriese wie ein Kartenhaus zusammen. Der konzerneigene Pressesprecher Mehnert lässt Strohmänner, Scharlatane und Spekulanten der Neuen Heimat auffliegen und übergibt geheimes Material an den „Spiegel", vier Tage später ist der gesamte Vorstand der Neuen Heimat entlassen bzw. beurlaubt.

Dann weitet sich der Skandal noch aus. Die Mieter klagen immer häufiger über drastische Mieterhöhungen, mangelhafte Instandhaltungen und undurchsichtige Heizkostenabrechnungen. Kein Wunder: Die Neue Heimat ist pleite, für Renovierungen und jedwede Investitionen fehlt das Geld. Von der schwarzgelben Regierung erhält der DGB keine staatlichen Sanierungshilfen.

Da verkauft die Gewerkschaft die Neue Heimat an den Berliner Brotproduzenten Schiesser für einen symbolischen Kaufpreis von einer D-Mark. Der verpflichtet sich, die Milliardenschulden für die 190 000 noch bestehenden Wohnungen zu übernehmen. Die Gläubigerbanken akzeptieren den Verkauf an den unbekannten Bäckerunternehmer nicht. Der DGB ist gezwungen, für die Sanierung der Neuen Heimat weitere Unternehmen zu verkaufen: die Bank für Gemeinwirtschaft, die Volksfürsorge, die Büchergilde Gutenberg und die co op AG. Doch Halt! Bei der Untersuchung des Lebensmittel-Riesen platzt die nächste Bombe: Der Konsum ist schon längst ebenfalls pleite.

Die Bilanz des ehemaligen Pressesprechers der Neuen Heimat: Größenwahn, Missmanagement, Betrügereien und Sanierungsfehler haben den Konzern erledigt. Allein der Vorstandschef Albert Vietor hatte der Neuen Heimat durch Privatgeschäfte einen Verlust von 105 Millionen D-Mark bereitet. Er muss andere Verdienste gehabt haben, als er im Jahre 1972 das Große Bundesverdienstkreuz erhielt.

Heimatbühnen

Deutschland ist das Land der Heimatbühnen. Es gibt unzählige davon, selbst in den kleinsten Gemeinden. Ich habe mal herumgestöbert: Gleich bei der ersten Bühne stieß ich auf Frau Stoiber. Dabei handelt es sich wohl eher nicht um die Gattin des ehemaligen bayrischen Ministerpräsidenten. Sie ist Mitwirkende der Engartshamer Heimatbühne, die den Fernseh-Dauerbrenner „Bauer sucht Frau" nutzt quasi für das Antistück „Allein unter Kühen".

Die Heimatbühne Heiden hat sich für das Stück „Liebe, Frust und Schwiegermutter" entschieden. Die Hamminkelner[22] Heimatbühne wagt sich an die schwarze Komödie „Chaos im Bestattungshaus", was die Tutzinger Heimatbühne sicherlich ablehnen würde. Sie bringt „ein launiges Stück mit bayrischem Einschlag" und dem Titel „Im Pfarrhaus is der Deife los".

Der Norden der Republik ist deftiger. Die Heimatbühne Altenrheine[23] bietet die plattdeutsche Komödie „Laot de Sau rut!", im Schnakenhaus ist diese schon verarbeitet von der Aldekerker Heimatbühne zu „Broiwosch Delüx". Auch in der Heimatbühne in Hörstel gibt's noch „Swieneree up Hinners Hoff".

Die Heimatbühne Westendorf wagt sich gar an eine „sozialkritische Untersuchung" über den „Locus amoenus" oder den „lieblichen Ort". Andere bedienen lieber den Dorftratsch, so die ostfriesische Heimatbühne in Wittmund[24] mit „Kein Mann för een Nacht". Die Muffendorfer

---

22 Bitte unbedingt den Limerick auf Seite 151 beachten!
23 siehe Limerick Seite 138
24 siehe Limerick Seite 137

Heimatbühne bei Bonn spielt in der kleinen Beethovenhalle „Wenn der Storch das Nest verpasst"[25].

Dass Heimatbühnen nicht immer nur Stücke bringen, die aus der Zeit gefallen scheinen, beweist die Heimatbühne Bardenberg aus Würselen, die zur Zeit das Stück probt mit dem Titel „So ein Affentheater!" Ich habe mich kundig gemacht. Es geht hier nicht – wie naheliegt – um die Karriere des Ehrenbürgers und ehemaligen Bürgermeisters der Stadt, Martin Schulz. Das Stück stammt noch aus der Ära vor der erneuten GroKo.

Während die meisten Heimatbühnen eher lokale Zielgruppen haben, ist das in Bayern wieder anders. Peter Steiner, 1927 als echtes Münchner Kindl geboren, besucht eine Schauspielschule (Falckenberg) und steht ab 1950 mit anderen Volksschauspielergrößen wie Weiß Ferdl und Michl Lang am „Platzl" in München auf der Bühne. Er spielt im „Komödienstadl" und im „Königlich-Bayrischen Amtsgericht". Im Jahr 1970 ist er der Wirt des Hotels „Zum wilden Eber" in der Erotik-Klamotte „Liebesgrüße aus der Lederhose". Später, in den 90er Jahren, gibt er über hundertmal den Paradebayern im Fernsehen mit „Peter Steiners Theaterstadl" und hat jeden Samstagabend seinen festen Sendeplatz. Nach 40 Jahren Karriere outet sich der „Vorzeigebayer"[26]. Er hatte ein „privates Lustspiel" mit einer damals siebzehnjährigen Schauspielerin, das nicht ohne Folgen blieb: die uneheliche Tochter Martina. Doch seine Frau und seine eheliche Tochter Gerda, die heute noch das Steiner-Theater weiterführt, verzeihen ihm. Gerda Steiner hat eine lupenreine, fast staatsmännische Erklärung dafür: Sie sagt in der Münchner Abendzeitung:

---

25 *Das Thema nehme ich etwas weiter unten noch einmal auf.*
26 *Die folgenden Zitate entstammen alle der Münchner Abendzeitung.*

„So einen Fehltritt machen sowieso Millionen Menschen, die in der Ehekrise stecken. Ob Herr Seehofer oder mein Vater, manchmal kommt man an einen Punkt, wo man sich entscheiden muss. Mein Vater hat sich für seine Familie entschieden."

Peter Steiners letzter Vorhang fällt plötzlich und unerwartet, obwohl er da schon 81 Jahre alt ist. Morgens nach dem Frühstück erleidet er einen Herzinfarkt. BILD war dabei. Sie zitiert Tochter Gerda: „Im Sterben sagte Papa ‚Mach weiter!' " Und das tut sie nun auch. „Wir schaffen das."[27]

---

27 *Das ist weder „Münchner Abendzeitung" noch „BILD", sondern aus dem Programm von Angela Merkel.*

Heimatadresse

Ich habe – nicht nur im Internet – versucht, mich über das Thema Heimatadresse zu informieren. Ich fand massenhaft Artikel über Bedeutung, Definition, Synonyme. Man bot mir sogar Reimwörter an: Desinteresse – Fresse – Maitresse – Presse – Tresse, nichts, was mich weiterbrächte. Also blieb ich bei dem, was ich schon kannte: Postanschrift.

Mit der Post verband ich sogleich jede Menge Reizwörter: Thurn und Taxis – Fürstin Gloria – die blaue Mauritius – die gelbe Postkutsche – Walter Scheel – Christian Lindner – Goethes Italienreise und Hannibal mit seinen Elefanten. Ich versuche, Ordnung in die Postanschrift zu bringen.

Die Post wäre ohne das Adelsgeschlecht der Thurn und Taxis, die Mitte des 14. Jahrhunderts in der Lombardei einen Kurierdienst für die Republik Venedig und die Päpste aufbauten, nicht denkbar. Man sieht das den kleinen gelben Schaltern bei uns in den Zigarettenläden heute nicht mehr an.

Aber es gibt noch ein Relikt aus den goldenen Zeiten der Post: Fürstin Gloria von Thurn und Taxis.

Sie ist fast so berühmt wie die blaue Mauritius, obwohl sie eine ganz andere Marke ist. „Blau" war und ist bei der schrillen Exzentrikerin eine gängige Farbe, nicht nur wegen des früheren exzessiven Drogen- und Alkoholkonsums, den sie – anders als ihr Mann – durch ihren starken katholischen Glauben überwunden hat, wie sie selbst im Interview sagt, sondern allein wegen des blauen Blutes, das in ihren Adern fließt.

Nachdem sie vor der Heirat ihres 34 Jahre älteren Mannes einen Fruchtbarkeitstest bestanden hatte, kehrte das Glück in die Dynastie derer von Thurn und Taxis ein: sie gebar einen Sohn. Auch zwei Töchter.

Sie ist bekennende Katholikin, bekennt sich bevorzugt zu den Hardcore-Klerikalen wie Bischof Müller und den Piusbrüdern. Die Kirche besucht sie regelmäßig, natürlich nicht mit der Postkutsche, manchmal mit ihrer Harley-Davidson.

Die deutschen Politiker dagegen fahren – um es mit einer Metapher auszudrücken – noch immer lieber Postkutsche. Vor allem die gelb vorbelastete FDP. Denken Sie an Genschers Pullover. Oder an Walter Scheel. Der singt 1973 im deutschen Fernsehen „Hoch auf dem gelben Wagen / sitz ich beim Schwager vorn". Die Aufzeichnung ist noch bei Youtube erhalten. Ich habe genauer in die zweite Strophe reingehört. Scheel singt etwas amateurhaft unartikuliert, aber ich höre dort eine wahnsinnige Vision von ihm heraus. Ich meine, er singt:

„Flöten hör ich und Geigen,
kräftiges Bassgebrumm,
lustiges Volk im Reigen
tanzt um den Lindner herum …
Aber der Wagen, der rollt …"

… gegen die Wand natürlich, aber das singt er nicht. Da schweigt er lieber.

Goethe war bekanntlich ständig mit der Postkutsche unterwegs. Die „Marienbader Elegie" hat er sogar in der Postkutsche gedichtet, vom Schicksal und von der Bruchkarre durchgeschüttelt. „Da staken wir in Sachsen / im Dreck bis an die Achsen." – Das stammt zwar nicht von Goethe, sondern von Georg Christoph Lichtenberg, trifft wohl aber gut die damalige Postkutschen-Situation. Goe-

thes Überquerungen der Alpen mit diesen Bandscheiben-schleudern müssen Albträume gewesen sein. Hannibals Überwindung der Alpen war dagegen ein Ausflug mit Haustieren. Auch wenn sich die Reisenden in Deutsch-land Hämorrhoiden holten, die Postkutsche blieb unbe-stritten das Beförderungsmittel Nummer Eins.
Dann besann man sich auf die Luftpost:

> „Kommt ein Vogel geflogen,
> setzt sich nieder auf mein'n Fuß,
> hat ein Briefchen im Schnabel,
> von der Liebsten einen Gruß."

Der Vogel kannte offensichtlich die Heimatanschrift.

Aber schließlich war es wieder einmal der Krieg, der eine stabsmäßige Planung verlangte. Es fehlte an Feldpost-Sor-tierern mit hinreichend geografischen Kenntnissen, so dass sich die Zustellung immer wieder verzögerte. Die deutsche Wehrmacht führte 1941 erstmals Postleitzahlen ein.
Über 50 Jahre später, am 1. Juli 1993, gibt es dann in ganz Deutschland fünfstellige Postleitzahlen. Eine sprechende gelbe Hand namens Rolf warb mit dem Spruch „Fünf ist Trümpf"[28] für das neue System. Jetzt hatte man Postleitzahlen im Überfluss. Es gab sogar einen einzelnen Baum in Eutin, der seine eigene Postleitzahl hatte, die „Bräutigamseiche, Dodauer Forst, 23701 Eutin". Unzählige Heiratswillige schrieben an die Eiche, 30 bis 40 Briefe legt der Postbote noch heute wöchentlich in ihr Astloch[29]. Das mit dem Heiraten sollten sie sich ohnehin gut überlegen!

---

28 *Der Reimer des Werbeslogans war entweder unterbemittelt oder unterbezahlt.*

29 *siehe „Stern" Nr. 50 vom 09.12.2021*

Bei meinen Limericks dienen die Postleitzahlen der groben Zuordnung. Die alphabetische Auflistung der behandelten Orte hilft Ihnen, Ihren Wohnort oder Ihre Lieblingsorte in Deutschland wiederzufinden. Sollte ich einen übersehen haben, bitte ich um Nachsicht. Ich finde aber auch so schon, dass Deutschland, unser Heimatland, mit kreativen Ortsnamen reichlich besät ist.

Gedichte der deutschen Heimat
mit Postleitzahlen

PLZ 56338

Ein Mädchen aus Braubach-**Hinterwald**
spazierte durch den Winterwald.
Die Welt umher wurd' immer heiler,
doch plötzlich trat ein großer Keiler
entschlossen aus dem Hinterhalt[30]

PLZ 25596

Beim Open Air in **Wacken**
da lassen sie's richtig knacken.
The biggest names in heavy metal
steh'n längst auf des promoters Zettel.
Der muss nicht mehr so placken.

PLZ 63679

Ein Teenager aus dem hessischen **Schotten**
brauchte wieder mal neue Klamotten,
vor allem Blusen
für den gewachsenen Busen.
Die alten Jeans dachte er einzumotten.

---

30 *Zur Beruhigung: Dem Mädchen ist nichts geschehen, weil zufällig
zu gleicher Zeit ein Jäger pirschte. (sog. Rotkäppchen-Effekt)*

Er hatte sich wahrlich verrannt
in ein hübsches Mädchen aus **Schwandt**.
Er mailte, faxte, twitterte,
vor Aufregung sein Unterleib zitterte
und oben verlor er den Verstand.

PLZ 65510

Ein junger Mann in **Idstein**
wollt' für das Leben fit sein.
Er trieb eifrig Sport
und gab ihr sein Wort:
Bald werden wir zu dritt sein.

PLZ 04720

Leider gibt's auch im sächsischen **Döbeln**
viele Rechte, die hetzen und pöbeln.
Sie werfen – wie geschehen –
Bomben auf Moscheen,
verfolgen Fremde, um sie zu vermöbeln.

PLZ 09306

Ein Mädchen aus **Penna**
färbt seine Haare mit Henna
als Signal für die Jungen.
Das ist ihr auch gelungen,
denn die Farbe verschreckt alte Männa.

Seit Wochen hält sich in **Unkel**
ein zähes, böses Gemunkel:
Ist er nachts auf Schicht,
macht das Haus sie dicht,
trifft 'nen anderen bei Sternengefunkel.

PLZ 53572

Tritt man einem Mädchen in **Möse**
beim Tanzen auf den Fuß, wird es böse,
schimpft dich einen Trampel
und das Ende vom Gehampel:
es will, dass man's sofort ablöse.

PLZ 33397

Tritt man einem Mädchen in **Möser**
beim Tanzen auf den Fuß, wird's noch böser
und lässt dich sitzen,
einfach abblitzen
und sucht nach einem smarten Erlöser.

PLZ 39291

Die Polizei bekam in **Waldsassen**
endlich einen Wilddieb zu fassen.
Doch das Gericht
bestrafte ihn nicht.
Es fehlten im Schrank ein paar Tassen.

PLZ 95652

Man spielt im kleinen **Wanzer**
gern mit Robots, Kanonen und Panzer
in Videospielen,
darf auf Feinde zielen.
Man(n) ist hier „Lord of the Game", nicht Landser.

PLZ 95666

Es fand ein Fuchs in **Mitterteich**
an Baches Ranft[31] eine Ritterleich' –
erstaunlich gut erhalten,
konserviert vom eiskalten
Wasser – sie schmeckte bitterweich.

PLZ 95119

Es erhält im fränkischen **Naila**
Klavierunterricht die Türkin Leila.
Sitzt da mit ihrer Burka,
spielt Mozarts „alla turca"
und ist der Stolz von Mama Sheila.

PLZ 54664

Beim Fastnachtumzug in **Preist**
unterm Motto „Iwa Preist geht neist"
erinnert er sich, dass im Männerballett
er früher immer mitgetanzt hätt'.
Dafür ist er jetzt zu vergreist.

---

31 *Eine kleine Hommage an Stefan George*

PLZ 66663

Es war ein Säugling in **Merzig**
so süß, so schnuckelig, so herzig,
alle wollten ihn knuddeln
und laufend betuddeln –
jetzt hat er's geschafft: er wehrt sich.

PLZ 63667

Die feurig-rassige Lolida
lebt mit ihrem Hessen in **Nidda**.
Sie will's mehrmals täglich.
Er findet's unerträglich
und weist sie ab: Nicht schon widda.

PLZ 25899

Es fragte ein Fischer in **Niebüll**
seine geliebte Frau Sibyll:
„Ik hölp di geern,
min Deern,
dok wuhin met dä Chemiemüll?[32]“

PLZ 14929

Zwei Zicken in **Treuenbrietzen**
ließen sich selbst von der Peergroup siezen.
Das führte zu Frust,
kein Boy hatte Lust
auf diese verklemmten Miezen.

---

32 *Damit meinte er das ganze Kosmetik-Repertoire seiner Frau im
gemeinsamen Bad.*

PLZ 44329

Ein ängstlicher Knabe aus **Brechten**
fand früh seine Heimat bei den Rechten.
Dort lernte er parieren,
hetzen und marschieren,
in der Burschenschaft später das Fechten.

PLZ 53909

Es warnte eine Schöne in **Füssenich**
einen Verehrer: „Ich küsse nich,
erst recht nich mit der Zunge."
Da beschwichtigte sie der Junge,
dass sie das auch müsse nich.

PLZ 79761

Es war ein Mädchen in **Gaiß**
so heiß,
dass in einem Zug
die Brille beschlug,
bewegte sie nur ihren Steiß.

PLZ 42781

Es war dereinst im bergischen **Haan**
ein Hahn von Düsseldorf ganz angetan
Hier gab's – er dachte sich was dabei –
das berühmte Mörsenbroicher Ei.
Er machte schon mal einen Plan.

Eine Holsteinerin aus **Heide**
tat keiner Fliege was zuleide.
Sie rettete bei Sturm
jeden Regenwurm
und ließ ihre Steaks auf der Weide.

Es war ein Mädchen in **Scharling**
so kantig und scharf wie ein Karling.
Es war auch eiskalt,
sagte immer schnell „Halt!".
So fand es auch keinen Darling.

Bei Edeka in **Weidenpesch**
'ne Kölsche Jung aus Marrakesch
steckt – unbemerkt vom Personal –
blitzschnell aus dem Bioobstregal
'nen leckeren Appel in singe Täsch[33].

Bei einer Frau aus **Schnaidt**
war es endlich so weit,
sie musste die ersten Wehen
im Flur überstehen,
aber das Taxi stand schon bereit.

---

33   *m.E. ein klassischer Fall von Mundraub*

Ein alter Mann aus **Appeldorn**
übersah die Silber-Pappel vorn,
stieg aus: Riesen-Beule,
kein Fluchen, kein Geheule,
er trank stattdessen noch'n Appelkorn.

PLZ 47877

Ein junger Mann aus **Willich**
der schätzte seine Hose aus Drillich.
Sie war nicht nur reißfest,
sein Hund probierte es: auch beißfest.
Natürlich war sie nicht billig.

PLZ 39517

Ein Ehepaar in **Dolle**
kriegt sich in die Wolle –
im übertragenen Sinn,
denn schaut nur hin:
er hat ne Glatze, keine Tolle.

PLZ 33034

Ein westfälischer Bauer in **Erkeln**
ist immer zugegen beim Ferkeln.
Nur das Schwänzeabschneiden
kann er nicht leiden.
Er geht dann woanders was werkeln.

PLZ 58640, 58239

Zwei junge Burschen in **Hennen**
trafen sich zum Autorennen,
fuhren nachts bis nach **Schwerte**
und als man dann umkehrte,
war'n die Fleppen weg und sie am Flennen.

PLZ 83646

Er hatte was vor mit ihr in **Bad Tölz**,
drum schlug er den Weg ein ins Gehölz,
wollte sie bald auf dem Waldboden betten,
doch sie lockten die Alpenketten.
Oben rutschte er aus wegen des Gerölls.

PLZ 16727

Er stammte ursprünglich aus **Velten**,
hier war er aber nur noch recht selten.
Als Archäologe mit Pinsel und Kellen
zog es ihn immer zu Grabungsstellen.
Sein Forschungsschwerpunkt: Gräber der Kelten.

PLZ 09249

Es hat die Gemeinde **Taura**
keine besondere Aura.
Sie liegt mitten in Sachsen,
die Töchter gut gewachsen,
eine von ihnen heißt Laura.

So ruhig ist **Tauberscheckenbach**,
da werden nicht mal Schnecken wach
und kommen raus
aus ihrem Haus.
Ich find' das zum Erschrecken, hach!

PLZ 39307

Nicht auf den Propheten Habakuk
beruft sich das Dörfchen **Zabakuck**[34],
obwohl: es gehört zu Jericho(w).
Das macht schon stutzig irgendwo.
Friseur Yousef stutzt den Ali-Baba-Look[35].

PLZ 76855

Der Gemeindename **Knochenmühle**
erweckt in mir gleich Mitgefühle.
Auch ich musst' mich aus Studiumszwecken
in Semesterferien recken und strecken
bei Dauerregen und bei Schwüle.

PLZ 08523

Es ging ein Pärchen in **Plauen**
in den Sommernächten, den lauen,
wenn alles schlief,
ganz nachtaktiv
überall Fahrräder klauen.

---

34 *Zugegeben: dieser Ort führt auch den Reimwilligsten an seine Grenzen.*
35 *Zugegeben: Die Deutung dieser Metapher fällt mir selbst schwer.*

PLZ 54533

Ein Wirt sah sie in **Dierfeld**
beim Ausschank in einem Bierzelt,
wo sie mit halbvollen Krügen
konnte ihre Gäste betrügen.
„Das ist genau die, die mir fehlt."

PLZ 53533

Sie ging in **Müsch**
mit ihm ins Gebüsch,
ließ sich einiges gefallen,
wollte ihm dann eine knallen,
da schenkte er ihr einen Teddy aus Plüsch.

PLZ 30669, 30853

Die Einwohner von **Langenhagen**
müssen viel Lärm ertragen
von Autobahnen – und noch doofer –
den Flughafen von **Hannover**.
Eine Zumutung, ganz ohne Fragen.

PLZ 49525

Ein Liebespaar aus **Lengerich**,
das kannte schon viel länger sich,
doch waren sie noch nicht weit gekommen,
nie hat er sie richtig rangenommen,
da flehte sie: „Fass mal enger mich!"

Es trat ein Mensch in **Hungenroth**
einmal in frischen Hundekot.
Der Haufen – nicht wie üblich – braun
war ekelig nur anzuschau'n:
seine Farbe war burgunderrot.

Aus welchem Grunde ruft
man das Örtchen „**Hundeluft**"?
Dass man in Sachsen-Anhalt
den Atem besser anhalt'?
Alles Quatsch, hier herrscht gesunde Luft.

Man kann in den Gaststuben in **Hopfen**
nicht nur Bier trinken und Karten klopfen.
Der See lockt zum Bade,
zur Umrundung mit dem Rade.
Und als Belohnung gibt's nen edlen Tropfen.

Ein Zimmervermieter in **Rettenbach**
zählt regelmäßig die Betten nach,
schaut, ob sich nicht zwischen die sieben
noch ein weiteres lässt schieben.
Dann schaut er bei den Toiletten nach.

Fromm sind die Menschen in **Regen**
auf all ihren Wegen,
weil sie sich – anders als die in **Gemünden** –
fernhalten von den lässlichen Sünden.
Das liegt bestimmt am Segen[36].

PLZ 79856

Eine Hilfskraft aus dem Kindergarten
wollt' bei der Kur in **Hinterzarten**
sich holen einen zarten Hintern.
Mit dem wollt' sie dann überwintern.
Ausgebucht. Muss auf den nächsten Winter warten.

PLZ 25594

Es konnte eine Mutter in **Nutteln**
ihre Kinder tagtäglich betutteln,
die ließen sich verwöhnen
mit allem Schönen,
doch einmal pro Woche gab's Kutteln.[37]

PLZ 54470

Willst du in **Bernkastel-Kues**
einen Riesling trinken? Dann tu es.
Er ist herrlich trocken,
haut dich nicht aus den Socken
und im Kopf macht er dich nicht konfus.

---

36 *vielleicht aber auch nur am Reimwort*
37 *Die Mutter war gebürtige Schwäbin und „Saure Kutteln" waren ihr
Leibgericht.*

Deutschland den Deutschen
Karikatur von Raymond Scharwächter

Sie wollte unbedingt in ihrem **Holzminden**
den richtigen Partner fürs Leben finden.
Sie suchte im Internet Dates, Amouren,
privat, mit Freundin, in Agenturen.
Dann traf sie ihn: den Einäugigen unter den Blinden.

PLZ 04668

Das Hochwasser der Mulde in **Grimma**
wird jedes Jahr imma schlimma.
Es ist zum Erschrecken:
Nur mit Sandsäcken
schaffen's die Leut' aus Grimma nimma.

PLZ 34117

In einem feuchten Keller in **Kassel**
lebte zufrieden eine Assel
von ihrem Schreddern
und Leichenfleddern.
Jetzt trocken saniert. So ein Schlamassel!

PLZ 02625

Es streunten zwei Hunde in **Bautzen**,
die hatten nicht nur schlabbernde Schauzen,
sie waren hässlich und räudig.
Mit dem Schwanz wedelten sie freudig,
wenn's Futter gab für ihre Plauzen.

Wenn ihr die Wurst richtig fett wollt,
geht zum Metzger nach **Detmold**.
Der steht jederzeit
für euch bereit,
selbst wenn ihr ihn aus dem Bett holt.

PLZ 88529

Das Urteil über **Zwiefalten**
ist bei den Besuchern gespalten.
Die einen finden's riesig,
die andern eher spießig,
und manche sich auch enthalten.

PLZ 36145

Ein Händler aus **Hofbieber**
war so'n richtiger Schieber.
Beim An- und Verkauf
hielt er die Taschen auf
und das je länger je lieber.

PLZ 56642

Der Ofen in der Eifel bei **Kruft**,
der ist schon lange verpufft.
Das ist auch nichts Schlimm's,
seitdem gibt's dort Bims
und rundherum bessere Luft.

Es gibt in **Wöpse**
keine Möpse,
jedenfalls bis zur Stunde
nicht als Hunde.
Wohl gibt es Matjes und Klöpse.

Ein Mann wollt' sich in **St. Georgen**
eine Frau für eine Nacht borgen.
Doch die ist dann geblieben
seit sechs Jahren schon, nein sieben
und er weiß keinen Weg sie zu entsorgen.

Es lebte in **St. Goar**
ein Rechtsanwalt und Notar,
der in seiner Kanzlei
die Taten der Loreley
prüfte, ob alles so war.

Es schaffte eine Frau in **Suderwick**,
die hatte einen Schmink- und Pudertick.
Sie stand vor den Spiegeln
mit Dosen und Tiegeln
und hatte am Ende den Luderblick.

Die Dorfbewohner im Winkl in **Reit**
sind seit jeher kreizbrave Leit,
sie jagen aus dem Ort
ihre Kinder fort,
wenn's meinen: für uns sind's viel zu g'scheit.

Es ließ eine Frau in **Aalen**
sich alles einzeln bezahlen:
Einmal Streicheln Einsdreißig
– das tat sie dann fleißig –
doch es hatte einen Geschmack, einen schalen.

Es halten sich in **Heimaterde**
zwei Mädchen dort zwei eigene Pferde.
Das schöne Bild sie noch ergänzen
mit ihren beiden Pferdeschwänzen.
Doch nur ein Reitlehrer. Merde.

Nach der Getreideernte zwischen den Stoppeln
sieht man entspannte Hasen hoppeln,
die wissen aus Gewohnheit:
Jetzt ist Schonzeit.
Und die gilt auch für das kleine **Oppeln**.

Ein junger Bursche aus **Benrath**[38]
fuhr leidenschaftlich gern Rennrad.
Er suchte seine Chance
für die Tour de France.
Einmal fuhr er sogar bis **Herkenrath**[39].

PLZ 49770

Es sagte ein Mädchen aus **Dohren**
einem Verehrer ganz unverfroren:
„Du kannst dich dreh'n und winden,
du wirst sie nicht finden,
ich hab' meine Unschuld verloren."

PLZ 02957

Ein Gymnasiast in **Pechern**,
der wollte nicht arbeiten, nur bechern.
Er war stets besoffen
und so hat's ihn getroffen:
Er hat Fünfen in fast allen Fächern.

PLZ 26723

Es bügelte eine Frau in **Emden**
für drei Euro Blusen und Hemden.
Das galt für Verwandte,
Nachbarn und Bekannte.
Fünf Euro nahm sie von Fremden.

---

38 *Dieser Stadtteil Düsseldorfs ist nicht nur reich an Postleitzahlen,*
alleine davon hat er fünf verschiedene, wofür der Platz hier zu knapp ist.
39 *Das sind allerdings nur 35 km.*

Ein Fremdenführer in **Norddeich**
erklärte den Gästen wortreich,
dass er wüsste:
es käm' an der Küste
kein anderer diesem Ort gleich.

PLZ 26427

Ein ostfriesisches Mädchen in **Esens**
war leider unkundig des Lesens.
Doch tanzte es op de Deel,
man guckte sich scheel
wegen seines anmutigen Wesens.

PLZ 26553

Es ist ein Mädchen in **Nesse**
so 'ne richtig Flotte und Kesse.
Beim Gespräch in der Runde
schlägt ihre Stunde:
Boah, hat die ne große Fresse.

PLZ 59929

Es schreibt man die Stadt **Brilon**
mit i, nicht mit Ypsilon.
Es ist im Sauerland
das Ypsilon unbekannt,
mit Ausnahme der Gläubigen – wegen Babylon.

Es wollte ein Pfarrer in **Birken**
besonders segensreich wirken:
Er war in der Schule,
besuchte Schwule,
man traf ihn in Rotlichtbezirken.

Auf einem Feld bei **Basepohl**
stiehlt unbedrängt ein Hase Kohl,
keine Kugel, kein Schrot
Schussverbot[40].
Er fühlt sich in der Phase wohl.

Am romantischen Chiemsee in **Prien**
zwei Einheimische lauthals schrie'n:
„Do is a Schwimma,
da ka fei nimma,
s'ist Zeit, ean aus om Wossa z ziehn."

Eine Hausfrau dachte in **Einbeck**:
's wär gut, wenn ich wieder einweck',
doch als Kitzel für 'n Gaumen
drei Euro für 'n Pfund Pflaumen,
da hat das Einkochen kein' Zweck.

---

40 *Kasernengelände der ehemaligen NVA*

Ein Architekt aus **Schauinsland**
setzt einen alten Bau instand.
Wollt mit hellen Tönen,
das Auge verwöhnen.
Den Bau, er viel zu grau ihn fand.

PLZ 01809

Der Spaß hört auf in **Meusegast**,
wenn du im Haus erst Mäuse hast.
Mit Speck und Falle
überleben sie alle,
wenn du sie im Gehäuse fasst.[41]

PLZ 58638

In einem Amt in **Iserlohn**,
da herrscht zumeist ein fieser Ton.
Beamte brummen
oder ganz verstummen.
Schuld ist vielleicht ein mieser Lohn.

PLZ 53508

Ein Schützenkönig in **Mayschoß**
meist an dem Vogel vorbeischoss.
Wenn er – halb im Schlaf –
doch einmal traf,
war unter den Brüdern das Geschrei groß.

---

41 *Der Tipp stammt von meinem Sohn Johannes, der ein großer Tier-*
freund ist.

PLZ 06917

Es glaubte ein Mann in **Jessen**,
er hätte seinen Schirm vergessen.
Doch der arme Hund
hatte bis zur Stund'
nie einen Schirm besessen.

PLZ 59514

Ein Stürmer vom SV **Welver**
verschoss einen Elfer.
Der Mob schrie
wie noch nie.
Beim Platz-Verlassen brauchte er Helfer.

PLZ 25712

Auf dem Tiermarkt in **Quickborn**
steht zum Verkauf ein Schaf, „Dickhorn".
Auf den Preis gibt's Prozente,
das Schaf – schon in Rente –
hat im Gang einen Knick vorn.

PLZ 16909

Es lebt der Onkel Heinrich
zufrieden in Brandenburg, in **Schweinrich**.
Dort im Naturpark Blanschen
kann er im See auch planschen[42].
Nur der Ortsname ist ihm etwas peinlich.

---

42   *Er ist Nichtschwimmer.*

136

Ein frecher Bursch' in **Niederzier**,
der wollte an das Mieder ihr.
Sie warf ihn raus
aus ihrem Haus.
Er drohte: „Morgen bin ich wieder hier!"

PLZ 26409

Beim Leistungsmarsch in **Wittmund**
war ein Rekrut nicht fit und
klagte: „Obergefreiter,
ich kann nicht mehr weiter.
Ich bin schon jetzt im Schritt wund.[43]"

43 *Auch wenn das Kinderfoto etwas anderes vorgaukelt: Ich habe nicht bei der Bundeswehr gedient und weiß deshalb auch nicht, wie es nun weitergehen würde. Insofern bin ich dankbar, dass der Limerick naturgemäß auf fünf Zeilen beschränkt ist.*

PLZ 48429

Es hatte eine Frau in **Altenrheine**
wunderschöne lange Beine,
doch einen zu kurzen Hals,
jedenfalls:
Bewunderer fand sie keine.

PLZ 80538

Im Auftrag sollte ein Killer in **München**
eine ewige Fremdgängerin lynchen.
Doch die Frau – raffiniert –
hat ihn gleich verführt
zu einem exklusiven Schäferstündchen.

PLZ 59494

Eine Süße aus dem westfälischen **Soest**
war über ihren Freund sehr erbost,
er schenkte – das war der casus knacktus –
zu ihrem Geburtstag einen Kaktus.
Doch kurz drauf hat sie ihn wieder gekost.

PLZ 57271

Nach einer Party in **Hilchenbach**
wurd' eine Kleine mit zwei Knilchen wach
im selben Raum.
Sie glaubte es kaum
und zählte erst mal ihre Pillchen nach.

Ein Rekrut aus dem bergischen **Lindlar**
machte einmal seinen Spind klar,
fand ein Bild seiner Ollen
tat die Augen rollen,
stellte fest, dass er früher mal blind war.

Sie eröffnete im Dorf **Sitzenroda**
eine Boutique für italienische Moda.
Doch es sind die Sachsen
ganz anders gewachsen.
Jetzt ist sie pleite und steht so da.

Es trug der Graf von **Wallmoden**
bei der Jagd nur grünen Loden,
genau wie seine Leute
von der Fuchsjagdmeute,
er zu Pferd und sie am Boden.

Bei einer Weihnachtsgans in **Stürzelbach**
war der kleine Bürzel schwach
nur ausgeprägt,
wurd trotzdem abgesägt,
so wurd' die Gans zum Kürzel, ach!

Es betreibt im kleinen **Wutike**
eine junge Frau eine Boutique.
Meist ist nicht viel los,
doch der Andrang ist groß
Samstagabends, dann ist hier Musike.

Es gibt im Dorf **Klein Zicker**
nicht einmal Fußballkicker
im eigenen Verein.
Der Ort ist zu klein,
hier ist höchstens Platz für Knicker.

Früher wurde in **Hindelang**
auch dem letzten Kinde bang,
wenn auf den Knien
für Marien
der Bauer mit seinem Gesinde sang.

Es herrschen bei den Protestanten in **Schwitten**
bei der Partnersuche strenge Sitten:
ob japanisch oder kisuahelisch,
Hauptsache: evangelisch.
Dann ist er im Ort gelitten.

Es macht ein dicker Mann aus **Stuhr**
eine japanische Wasserkur:
morgens vier Gläser Wasser,
täglich findet er's Wasser nasser.
Jetzt trinkt er seinen Whisky nur noch pur.

Ein strenger Lehrer und Derwisch
schimpfte mit einem Schüler in **Gerwisch,**
der die Tanzstunde versäumte.
Er kochte und schäumte:
„Weh dir, wenn ich dich noch mal erwisch!"

Ein alter Mann in **Glauzig**
ist schon etwas senil und kauzig.
Er staunt über die Bußriten
der Karmeliten,
kauft dann ein Seil und verhaut sich.

Schlagartig erfuhr in **Leipe**
die alte Spreewald-Kneipe
– Kommissare übersah'n
die Tote im Kahn –
einen wahren Besucher-Hype.

Es legte eine Kleine in **Birk**
um ihren Freund einen Sperrbezirk.
Sie ließ keine ran
an den schönen Mann,
der gehörte nur ihr, der Dirk.

Ein Angebertyp aus **Suhl**
gibt sich stets lässig und cool,
wippt im Takt zum Rap,
dann übertreibt der Depp
und kippt urplötzlich vom Stuhl.

Es betrat eine ostfriesische Pinte
bedrohlich ein Mann mit 'ner Flinte,
nur spärlich vermummt.
Da hat die Wirtin gebrummt:
„Du bist doch der Ubbo aus **Hinte**!"

Es war der Pfarrer in **Feichten**
gefürchtet für seine Beichten.
Er vergab nur denen,
die unter Tränen
Zerknirschung und Reue zeigten.

Eine Sekretärin aus **Koßwig**,
die mochte ihren Boss nich,
wollte ihn deswegen
am liebsten umlegen.
Die Mutter riet ab: „Mach das bloß nich!"

Ein junges Pärchen aus **Fitzen**
aß überwiegend nur Pizzen
so einfach am Stand
aus der Hand,
sonntags jedoch nur im Sitzen.

Der diesjährige Landesnuttentag
war im bayrischen Örtchen **Schnuttenbach**.
Es sprach Zuhälter Ferdi
von verdi,
dass er sich nichts aus Putten mach'.[44]

Beim Skispringen in **Bolsterlang**
ein Opa sich aus dem Polster schwang,
warf in die Luft die Krücke,
hinterdrein die Perücke,
nur weil sein Enkel als Tollster sprang.

---

44 *Es war im Rotlichtmilieu und in Gewerkschaftskreisen gemunkelt
worden, dass er pädophil sei.*

PLZ 58455

Es hatte ein Mädchen aus **Witten**
duftende, knusprige – Fritten
in einer Schale.
Ich dachte einige Male,
ob ich sie um eine sollt' bitten.

PLZ 65451

Es wurde ein Pärchen in **Kelsterbach**
früher immer durch eine Elster wach.
Heut macht am Maine
frühmorgens der Kleine
immer als Allerschnellster Krach.

PLZ 04808

Es war ein Mann in **Wurzen**
berüchtigt für sein ständiges Furzen.
Die Frau hielt's nicht aus:
Ich will hier raus!
Sie machte einen Prozess, einen kurzen.

PLZ 07619

Es spielte ein Knabe in **Dothen**
seine Flöte nur nach Noten,
aber so schlecht,
man fürchtete zu Recht,
er erwecke damit einen Toten.

Es hatte ein Mann in **Ditscheid**
mit den alten Eltern kein Mitleid.
Er sagte, wenn sie sich bückten
und durch die Stube krückten:
„Wie schön, dass ihr immer noch fit seid".

PLZ 87600

Ein Allgäuer kaufte in **Kaufbeuren**
einen neuen Hut, einen teuren,
so mit Gamsbart,
nach Älpler Art.
Stolz tat er nach Hause steuren.

PLZ 69226

Es dachte ein Mädchen in **Nußloch**:
Mit dem Kerl mach ich Schluss, doch
anderseits –
er hat auch seinen Reiz.
Sie holte sich einen Kuss noch.

PLZ 06385

Eine junge Frau in **Aken**
litt unter den Stichen der Schnaken.
Sie schlug um sich in der Nacht,
hat auch viele platt gemacht,
morgens brauchte sie ein frisches Laken

PLZ 38729

Ein Harzer Mädchen aus **Lutter**
stand wirklich gut im Futter
und täglich wurd's noch voller,
so'n Typ Harzer Roller
und dann wurde es auch noch Mutter.

PLZ 59846

Im Sorpesee bei **Sundern**
geht ein Mann Angeln – auf Flundern.
Forelle, Hecht, Aal
sind ihm egal.
Der Angler wird sich noch wundern.

PLZ 59510

Ein starker Raucher im **Lippetal**
der hielt sich eine Hippe mal.
Die lebte gesund
bis zu der Stund',
als sie ihm eine Kippe stahl.

PLZ 33602

Es war ein Hund in **Bielefeld**,
der gerade so wie viele bellt.
Drum fragte ich schüchtern
nach bei den Züchtern:
Wofür denn dann das viele Geld?

Ein Schäfer im Kreis **Emmerich**
sah, als es schon dämmerig
und diesig war,
die neue Gefahr:
Ein Wolf um seine Lämmer strich.

Gleich neben dem Schloss **Oefte**
steht 'ne Dönerbude mit Köfte.
Statt Wildbrett vom Fürste
brät Hikmet Sucuk-Würste
und Frikadellen: Boah, sind die töfte.

Es wurde einmal in **Illertissen**
eine Dame von einem Hund gebissen
direkt in die Wade.
Das war schade:
Sie hat neue Strümpfe kaufen müssen.

Es fand so ein grüner Stiesel
Stickoxide im Luftkurort **Zwiesel**,
Schwermetall im Rhabarber
am Großen Arber.
Das heißt jetzt: Fahrverbot für Diesel.

Ein Mann wollt' in der Ems bei **Meppen**
nach dem verlorenen Rheingold scheppen.
Ein Zuschauer lachte,
ein and'rer dachte:
Da kenn ich ganz andere Deppen.

PLZ 46509

Es kamen zuletzt nach **Xanten**
zu viele Asylanten.
Doch der Niederrheiner
ist gern alleiner:
Kein Nachzug von Kindern, Opas, Tanten.

PLZ 32257

Was im westfälischen **Bünde**
schon gilt als Sünde,
darüber würde in Frechen
kein Rheinländer sprechen,
und das hat seine Gründe.[45]

PLZ 66111

Eine Dame in **Saarbrücken**
hatte einen so schönen Rücken.
Das galt eher nicht
für ihr Gesicht.
Erst beim Gehen begann das Entzücken.

---

45 *Bedenken Sie nur das Rheinische Grundgesetz: Et kütt, wie et kütt.*

Es lebte in **Lohne**
ein Vater mit dem Sohne.
Die Mutter, zerschlissen,
hat 's Putztuch geschmissen,
ging mit einem nach Sierra Leone.

PLZ 96215

Ein Mann aus dem bayrischen **Lichtenfels**
hat auf dem Körper so 'n dichten Pelz.
Will eine Frau ihn küssen,
wird sie erst roden müssen.
Chacun à son goût. Mancher gefällt 's.

PLZ 94249

Ein alter Holzfäller in **Bodenmais**
noch nach Väter Sitte zu roden weiß:
Mit Axt und Schaft
und Manneskraft,
nicht mit so 'nem Neue-Methoden-Scheiß.

PLZ 47533

Ein junges Paar in **Kleve**:
Er als Forsteleve,
war auf der Pirsch
nach Rebhuhn und Hirsch.
Sie arbeitete bei Rewe.

Es blickte ein Mädchen in **Schlitz**
aus Rehaugen wie ein Kitz.
Es konnte Herzen rühren
und zu Tränen führen,
leider hieß es Erna Schmitz.

Es trug ein Mädchen in **Schmitten**
die Kleider tief ausgeschnitten,
die Röcke kurz.
Es war ihm schnurz,
wenn Berufschancen darunter litten

Eine Köchin in der Mensa in **Eichstätt**:
Wenn ich das Fleisch bloß schon mal weich hätt'!
Die Studenten haben den Zossen
letztlich dann doch nicht genossen.
Als Ersatz gab's Semmel mit Streichfett.

Es mäht ein Bauer in **Ense**
frisches Gras mit der Sense.
Daraus macht er kein Heu,
auch keine Streu,
er füttert damit seine Gänse.

PLZ 18209

Es winkte in **Bad Doberan**
ein wütender Gast den Ober ran.
Er meckerte an allem rum,
der Ober aber drehte sich um
und holte seinen Dobermann.

PLZ 95445

Es hatte ein Mann in **Bayreuth**
keine Kosten gescheut
für Parsifal auf der Bühne
und andere kühne
Recken und Rittersleut.

PLZ 66989

Es war eine Frau in **Dusenbrücken**,
die ließ sich gern den Busen drücken,
doch der hing tief,
auch etwas schief.
Man(n) musste sich beim Schmusen bücken.

PLZ 46499

Es liebte ein Bayer das Bier aus Dinkeln,
nach ein paar Maß konnt' er gut pinkeln.
Jetzt nimmt er Arzneien von der Sorte
„Prostagutt forte".
Er zog zu seinem Sohn nach **Hamminkeln**.

Es betreibt einen Puff in **Buxtehude**
ein alter Käpt'n jetzt als Lude.
Der Laden läuft mies,
sie bringen kaum Kies,
die Mädels Chantal und Trude.

PLZ 26954

Es erkannte ein Killer in **Nordenham**,
dass er hier nicht richtig zum Morden kam.
Er fand die Männer mit ihren Buddeln
eher zum Knuddeln.
Als Gärtner ihn schließlich ein Orden[46] nahm.

PLZ 25524

Nach tagelangem Regen in **Itzehoe**
ist ein Mädchen über die Hitze froh,
packt aus ihren Mini,
prüft vor'm Spiegel den Bikini
und findet sich schließlich „Spitze" so.

PLZ 96160

Ein kleiner Bub in **Geiselwind**
ist lange schon dort Waisenkind
bei seiner lieben Oma.
Die säuft sich gern ins Koma,
der Bub dann nichts zu speisen find't.

---

46 *Und zwar der Orden der Barmherzigen Samariter*

Im alten Gasthof in **Tirschenreuth**
gibt's dicken Reis mit Kirschen heut'.
Das sind Gerichte
aus der Frühgeschichte.
Manch Stammgast drum den „Hirschen" scheut.

Ein Hausarzt in **Bad Wimpfen**
ist schnell bei der Hand mit dem Impfen
oder sagen wir es andersherum:
Für alles hat er ein Serum.
Kein Wunder, dass die Kassen schimpfen.

Eine Frau war nach **Holzmaden**
zu einer Party geladen.
Es gab Sex auf der Feier
in der Art „Flotter Dreier".
Seitdem hat sie einen Schaden.

Zur Beerdigung früher in **Wattenscheid**
ging die Frau nur im schwatten Kleid,
der Mann, feierlich nicht minder,
trug Zylinder.
Man nahm sich für 's Bestatten Zeit.

PLZ 45356

Ein Fußballer in **Bergeborbeck**[47]
war Spezialist für den Forecheck,
er stand nicht bloß rum,
legte alle um,
so erreichte kein Ball das Toreck.

PLZ 45277

Früher man nach **Überruhr**
mit dem Fährmann rüberfuhr.
Der hieß Theo Lux[48],
war ein alter Fuchs,
er streikte bei Schneegestüber nur.

PLZ 45257

Auf der Hauptstraße in **Byfang**
trieb ein Bauer sein Vieh lang.
Das kackte dermaßen,
dass auf den Straßen
der Dreck dir bis ans Knie sprang.

---

47 *Zugegeben ist das der Traum eines alten Rot-Weiss-Essen-Fans. Die
raue Wirklichkeit sieht anders aus. Der Verein spielt immer noch in der
Regionalliga West.*
48 *Dieser Limerick gehört zu den historisch verbürgten. Ich selbst habe
die alte Seilfähre der Ruhr an der „Roten Mühle" als Zeitungsjunge
bestimmt tausendmal benutzt.*

Es sitzt im Kloster **Schuir**[49]
eine Nonne an der Eingangstür.
Sie regelt den Einlass,
ob Besucher oder Weinfass[50]
und bekommt keinen Cent dafür.

PLZ 42327

Eine schwarzbunte Kuh in **Dornap**
machte beim Gehen rechts vorn schlapp.
Der Bauer kapiert
und justiert,
er sägt das linke Horn ab.

PLZ 53347

Eine Extravagante in **Witterschlick**
die fand ein Kleid mit Flitter schick,
das machte sie auf jeder Feier
noch loreleyer
und – sie setzte auf ihren Klitterblick.

---

49   *Dieser Limerick ist eine historische Momentaufnahme. Leider sind
die „Barmherzigen Schwestern von der Heiligen Elisabeth" alle so alt
(Durchschnittsalter 83 Jahre), dass sie ihr Mutterhaus in Schuir vor
kurzem verlassen mussten und einen „Neuanfang zum Lebensabend in
Schönebeck" starteten (Information aus „BENE", Magazin des Bistums
Essen). Das barmherzige Image hat das Kloster aber behalten. Heute
leben hier mehrere hundert Flüchtlinge.*
50   *natürlich nur mit Messwein*

Es dachte eine Frau in **Wagelwitz**:
Wenn ich mit meinem Nagel ritz'
in meine Kammertür ein Zeichen,
wird der Teufel weichen.
Gefehlt. Er warf nach ihr mit Hagel-Blitz.

Es klagte eine Frau in **Voßheide**,
dass sie nicht nur unter ihrem Boss leide,
auch sein Stellvertreter
sei ein Schwerenöter.
Es reichte ihr. Sie erschoss beide.

Vorm Spiegel eine Frau in **Pülzig**
erschrickt, wie die Bluse füllt sich.
Es drohen die weißen
Knöpfe abzureißen.
Sie holt einen Schal und verhüllt sich.

In ihrem Teeladen in **Springe**
verkauft Inge allerhand Dinge
von Hanf bis Hibiskus.
Da meldet sich der Fiskus
und schon hat sie den Hals in der Schlinge.

Eine Drossel saß in **Staig**
lauschend auf einem Zweig,
ihr Nesthäkchen piepte,
zwitscherte und fiepte.
Sie: „Hör erst mal zu und schweig!"

Ein Bauarbeiter aus **Pasewalk**,
der hatte an der Nase Kalk.
Der wird nicht mit der Hand entfernt,
denn Kalk verbrennt, hat er gelernt,
drum holt er einen Blasebalg.

Ein stolzer Bauer aus **Gammelby**
verkauft seine Hammel nie
unter Preis,
weil er weiß:
Dieses ist kein Gammelvieh.

Eine junge Frau aus **Pürsten**
die konnte fabelhaft bürsten,
auch zum Nähen und Flicken
konnte man sie schicken.
Nach einer solchen Frau viele[51] dürsten.

---

51 *vor allem die deutschen Arbeitsmärkte*

Ein junger Vater in **Schwelm**,
das war ein richtiger Schelm.
Bei der Taufe am Becken
sollte sein Sohn nicht erschrecken.
Er setzte ihm auf einen Helm.

Ein Sachse dient in **Affalter**
bei der Post am Schalter.
Man darf ihn nicht hetzen,
sonst lässt er sich versetzen
Er spart seine Kräfte für's Alter.

Es war ein Mädchen in **Schlüchtern**
bekannt als brav und schüchtern.
Doch im Discoschuppen
ließ es tanzen die Puppen.
Aber da war es auch nicht mehr nüchtern.

Es hatte eine Frau in **Beckum**
ziemlich viel Speck um
die Hüften und den Steiß.
Sie sagte: „Ich weiß,
aber ich kümmere mich n Dreck um."

PLZ 46145

Es lebte eine Made
hinter der Hausfassade.
Dort bekam sie Ohrensausen
vom Straßenlärm in **Oberhausen**,
genauer: in **Sterkrade**.

PLZ 55606

Ein zartes Mädchen aus **Kirn**
mit blonden Locken auf der Stirn
schien für viele die Gesuchte,
doch wehe, sie fluchte:
Himmel, Arsch und Zwirn.

PLZ 54516

Im Fitness-Studio in **Wittlich**
da machte er täglich fit sich.
Er ließ wirklich nix weg
für Bizeps und Sixpack,
da war er ganz unerbittlich.

PLZ 06493, 59174

Es halten sich Frauen in **Mägdesprung**
länger als woanders jung,
zum Beispiel die in **Kamen**
viel schneller erlahmen,
da gibt wohl schon der Name Schwung.

PLZ 29683

Eine Frau in **Fallingbostel**
suchte einen Apostel.
Am besten gefiel ihr
Lukas mit dem Stier
als Patron für ihr neues Hostel.

PLZ 02991

Es lebte ein Mann in **Torno**,
der gab alles für einen Porno,
am liebsten so'n nie geschauten
ausländischen versauten.
Dafür fuhr er bis Livorno.

PLZ 88477

Ein Kindermädchen hat in **Schwendi**
stets eine Hand am Ohr mit dem Handy,
mit der andern kann es helfen
den ihm anvertrauten Welfen.
Das ist seine ars vivendi.

PLZ 83370

Ein Manager aus **Seeon**
fühlt sich als Chamäleon,
weil er noch eben gerad
Innogy vertrat.
Jetzt arbeitet er für Eon.

Eine junge Frau aus **Ipse**
ist bei einem Chauvi die Tippse.
Kommt der in ihr Zimmer,
verlangt er immer,
dass sie das Licht ausknipse

Ein Sportler schätzt an **Immenstadt**,
dass er hier was zum Schwimmen hat,
kann im Alpsee auch tauchen,
surfen, Boote gebrauchen.
Am Ufer findet dann das Trimmen statt.

Im Kirchenchor in **Achtel**
sang einst eine Frau wie ne Wachtel.
Mit ihrem Tirilieren
konnt' sie die Bässe verführen.
Heut ist sie ne alte Schachtel.

Ein Eifeler Mädchen in **Mayen**
hielt sich zwei kluge Papageien,
lehrte sie Tricks,
doch die Idee war nix:
Sie konnten sich selbst befreien.

Karikatur von Hans Buring (1978)

Ein anderes Mädchen aus **Mayen**
konnte Gift und Galle speien,
wenn er sie versetzte,
weil sie das verletzte,
doch sie konnte ihm auch wieder verzeihen

PLZ 49176

Es rauchte ein Mann in **Hilter**
Zigaretten immer nur ohne Filter.
Er liebte das sehr,
doch jetzt der Teer,
aus seiner Lunge, da quillt er.

PLZ 24376

Ein Käfer lag bei **Kappeln**
auf dem Rücken, konnt' nur zappeln.
Mit nem kühnen Sprung,
gelernt beim Kung-
Fu, konnt' er sich noch aufrappeln.

PLZ 44309

Ein Opa hält sich in **Brackel**
seit 50 Jahren einen Dackel.
Der bellt nicht, noch frisst er,
denn aus Plastik ist er,
steht im Heckfenster als Gewackel.

Es lässt sich im badischen **Kandern**
auf vielen Wegen gut wandern.
Ist dir einer zu steil,
ist der nächste voll geil
und sonst nimmste noch n ganz andern.

Ein alter Arzt in **Hockenheim**
entdeckte einen Pockenkeim.
Doch er wollt' nichts hören
von neuen Seren.
Er verordnete Haferflockenschleim.

Eine Fetischistin aus **Karlsruhe**
war verknallt in allerlei Schuhe:
Pumps, Boots, Stiefel, Sneaker,
Schnürschuhe von Rieker.
Jetzt braucht sie ne weitere Truhe.

Wenn ich noch mal ne Kur mach',
auf keinen Fall in **Durlach**.
Dort zwischen A5 und B3
lag ich wegen der Raserei
die ganze Nacht nur wach.

Es hörte ein Bauer in **Böken**
seine Schafe zwar blöken,
aber – zu seinem Leide –
nicht auf der Weide.
Düwel ook. Nu mutt hä se söken.

PLZ 65391

Es kam zu einer Kleinen nach **Lorch**
eines Abends der bekannte Storch.
Sie wusste, was der wollte,
ihm keine Beachtung zollte
und tat so, als ob sie schon schnorch[52].

PLZ 70794

Eine Württembergerin in **Filderstadt**
aus ihrer Jugend viele Bilder hat.
Manchmal schlägt sie sie auf,
lässt den Tränen ihren Lauf:
Früher fanden die Partys doch wilder statt…

PLZ 24321

Ein smarter Boy aus **Panker**
so'n junger, sportlich schlanker,
machte schwer was her,
doch hatte er,
der harte Kerl, 'nen weichen Schanker.

---

52 Ich behandle hier - in einer so ausschlaggebenden Situation – das
inzwischen schwache Verb „schnarchen" noch als ein starkes Verb

PLZ 19309

Eine Schneiderin lernte in **Lanz**
ihn kennen per Damenwahl beim Tanz,
trotz seiner Abwehr
umgarnte sie ihn sehr.
Schließlich nahm sie ihn ganz.

PLZ 15913

Es fiel einem Bauern in **Alt Zauche**
seine Frau unverhofft in die Jauche.
Sein erster Gedanke
bei dem Gestanke:
ein Glück, dass ich sie nicht mehr brauche.

Ortsnamen

Quellenverzeichnis

Bildnachweis

Auswahl weiterer Literatur von Hans Buring

Die Kettwichte – Essen, Klartext-Verlag, 368 S., 1999 *(vergriffen)*

Jacko, der Rabe – Frankfurt, Fouqué Literaturverlag, 135 S., 11. Aufl., 2012

Heiter. Roman eines Herzinfarktes – Norderstedt, BoD, 236 S., 2003

Die Lotterköppe – Jugendroman, edition nove, Neckenmarkt (A), 120 S., 2007

Die Sudokuh – Satiren-Anthologie, Norderstedt, BoD, 231 S., 2009

Inselschönheiten – 300 Limericks, Norderstedt, BoD, 151 S., 2018

Ferdinand, der Stier – nach der Erzählung von Munroe Leaf, Musical in der Eres Edition

Die Maus in der Schule – Singspiel für die Anfangsklassen, Eres Edition

Des Kaisers neue Kleider – das berühmte Märchen Andersens erfrischend neu erzählt. Eres Edition

Wie man Bananen krümmt – ein politisch-satirisches Gegenwartsstück, Kindermusical, Eres Edition